Jürgen Rüttgers

Guten Morgen, Europa!

Jürgen Rüttgers

Guten Morgen, Europa!

Neue Motivation für ein vereintes Europa in Frieden, Freiheit und Vielfalt

mit einem Geleitwort von Sigmar Gabriel und
einem Vorwort von Franz Josef Radermacher

Herausgegeben vom Senat der Wirtschaft

Tectum Verlag

Jürgen Rüttgers
Guten Morgen, Europa! Neue Motivation für ein vereintes Europa in Frieden, Freiheit und Vielfalt.
Mit einem Geleitwort von Sigmar Gabriel und einem Vorwort von Franz Josef Radermacher
Herausgegeben vom Senat der Wirtschaft

ISBN: 978-3-8288-4311-0
E-Book: 978-3-8288-7249-3

Umschlaggestaltung: © Christian Henneberger, Tectum Verlag; Foto von Annie Spratt auf www.unsplash.com
Druck und Bindung: Docupoint, Barleben
Printed in Germany

Informationen zum Verlagsprogramm finden Sie unter www.tectum-verlag.de

Bibliografische Informationen der Deutschen Nationalbibliothek
Die Deutsche Nationalbibliothek verzeichnet diese Publikation in der Deutschen Nationalbibliografie; detaillierte bibliografische Angaben sind im Internet über http://dnb.ddb.de abrufbar.

Bibliographic information published by the Deutsche Nationalbibliothek
The Deutsche Nationalbibliothek lists this publication in the Deutsche Nationalbibliografie; detailed bibliographic data are available online at http://dnb.ddb.de.

Europas Souveränität.
Oder: Was uns Europa wert ist.

Geleitwort von Sigmar Gabriel

Wir leben in dramatischen Zeiten. Die USA verlassen den Westen und ihre Rolle als globale Ordnungsmacht und nehmen keinerlei Rücksicht mehr auf ihre Verbündeten in Europa. Nicht einmal die Beistandsverpflichtung der NATO kann noch als gesichert gelten. Das entstehende Vakuum wird vor allem von China, aber auch von Russland und der Türkei gefüllt.

Handelskonflikte bedrohen die Weltwirtschaft und damit vor allem die Erfolgsgrundlage der Exportnation Deutschland. Die Digitalisierung stellt alle traditionellen Wertschöpfungsmodelle in unserem Land und in Europa auf den Kopf. Und während andere die Mobilität und das Auto der Zukunft neu erfinden, lamentiert Deutschland über die Fehler seiner Automobilindustrie in der Vergangenheit und beschäftigt die knappe Ingenieursressource seiner wichtigsten Wohlstandssäule mit den Motoren der Vergangenheit. Das alles kann man wohl als die Vorbereitung eines perfekten Sturms bezeichnen, der uns noch nicht so recht aufzufallen scheint, weil es im Zentrum des Orkans ja immer still ist.

Das ist die Welt, in der Europa sich neu finden muss. Das ist die geopolitische Lage, in die hinein jetzt der Brexit droht, der Austritt des Vereinigten Königreichs aus der Europäischen Union. Ob hart oder weich, der Brexit wird alle schwächen. Großbritannien wird zweifellos wirtschaftlich in ganz erhebliche Turbulenzen geraten. Aber zur Wahrheit gehört auch: das Empire hat größere Krisen überstanden und wird diese Wirtschaftskrise früher oder später bewältigen. Ob Europa den Austritt des Vereinigten Königreichs übersteht, kann allerdings keinesfalls als sicher gelten.

Natürlich wird die EU nicht auseinanderbrechen. Und natürlich kann auch die EU die wirtschaftlichen Nachteile des Brexits überstehen. Europas Rolle in der Welt aber wird in einer Weise beschädigt werden, wie wir es uns bislang noch nicht vorstellen können. Einen kleinen Vorgeschmack bekamen wir gerade in Washington, wo die US-Regierung die Botschaft der EU in ihrem Rang auf einen der hinteren Plätze abwerten will. Ein Fingerzeig für das Ende der Besonderheit der transatlantischen Beziehungen. Das alles begann übrigens lange vor Trump. Es war der US-Präsident Obama, der von den USA als pazifische Nation sprach. Alle seine Vorgänger bezeichneten ihr Land als eine „transatlantische Nation".

Die politischen und wirtschaftlichen Machtachsen verschieben sich vom Atlantik in den Pazifik. Wo wir heute noch in einer Welt ohne globale Ordnungsmacht leben, in einer „G-0-Welt" sozusagen, wird es morgen eine G-2-Welt mit den Antipoden USA und China sein. Das werden auch die Briten nach einem Ausstieg aus der EU merken. Wir Europäer – die EU und die Briten gemeinsam – stehen in Wahrheit vor der Frage, ob und wie wir unsere Souveränität zwischen diesen neuen Machtachsen erhalten. Wie schaffen wir Europäer es, dass wir so leben können, wie wir *wollen* und nicht nur leben müssen, wie es andere für uns als angemessen halten? Es geht um europäische Souveränität, weil die Mitgliedsstaaten allein – selbst das große Deutschland – in dieser Welt von morgen überhaupt nichts mehr ausrichten könnten.

Schon heute hat Europa in der Welt nicht viel zu sagen. Wir sind mit Ausnahme der Klimapolitik in allen großen weltpolitischen Konflikten Zuschauer: bei dem drohenden atomaren Wettrüsten ebenso wie in den kriegerischen Auseinandersetzungen im Nahen Osten, in Syrien, im Irak oder im Jemen. Selbst die Rebellen gegen Assad, die doch eigentlich vorgeben, für die Werte von Demokratie und Freiheit zu kämpfen, wenden sich beim Rückzug der USA aus Syrien nicht an uns Europäer, sondern an Moskau und die Türkei. Weil beide die dort einzig verbleibenden Machtprojektionen für die Region darstellen. Europa gilt als reich, aber politisch, strategisch und allemal militärisch als irrelevant. Wenn die Briten die EU verlassen, wird der Blick auf uns Europäer noch abschätziger ausfallen.

Wer nicht einmal den eigenen Laden zusammenhalten kann, wird andere nicht von seiner Sicht auf die Welt überzeugen. Es wird uns nichts nutzen, unsere europäischen Werte in der Welt hoch zu halten, wenn der Rest der Welt den Eindruck hat, dass Europa aufgrund fehlender Einheit und Geschlossenheit nicht einmal gemeinsame Interessen formulieren kann. Wir Europäer gelten schon heute als reich, aber als politisch unbedeutend. Wir sind die letzten Vegetarier in einer Welt voller Fleischfresser und ohne die Briten werden wir zu Veganern. Die aber werden von den Mächtigen der Welt nicht besonders ernst genommen.

Was also tun? Natürlich Europa zusammenhalten, was sonst. Aber wie? Vermutlich wird es nicht mehr reichen, nur unsere Werte hoch zu halten. Zweifellos bilden sie den Kern der Idee des europäischen Zusammenlebens. Aber wir erleben seit Jahren, dass diese Wertorientierung nicht mehr alle erreicht, manche in Europa sogar dagegen verstoßen. Mindestens ebenso wichtig wäre es, wenn wir unsere Interessen vermehrt in den Mittelpunkt stellen. Nicht die nationalen, sondern die europäischen. Denn wenn wir wollen, dass auch unsere Kinder und Enkel in der Welt mitreden über Handel, Wirtschaft, Umweltschutz, Menschenrechte, Demokratie, Freiheit, Krieg und Frieden, werden sie mit einer gemeinsamen europäischen Stimme sprechen müssen. Selbst das starke Deutschland wird allein kein Gehör mehr finden.

Deutschland, so Henry Kissinger, ist zu groß für Europa, aber zu klein für die Welt. Es geht also um unser gemeinsames Interesse, Gehör zu finden und mit zu entscheiden. Und nicht zu bloßen Schachbrettfiguren auf dem Spielfeld der Großmächte zu werden.

Dazu aber werden wir den Euro zu einer echten alternativen Weltwährung machen müssen. Derzeit sind noch 20 Prozent der Weltwährungsreserven im Euro investiert, noch vor wenigen Jahren waren es 28 Prozent. Die Unfähigkeit Europas, sich wirklich gegen die völkerrechtswidrigen Sekundärsanktionen der USA gegen den Iran zu wehren, zeigt, wie sehr wir in der Abhängigkeit vom Dollar stehen. Stärker und unabhängiger werden wir aber nur, wenn wir privaten und öffentlichen Investoren Sicherheit im Euroraum bieten – also den Euro gemeinschaftlich verbürgen. Eurobonds sind folglich nicht „des Teufels“, wie die finanzpolitische deutsche Orthodoxie uns weismachen will, sondern einer der zentralen Schritte zur Unabhängigkeit Europas. Natürlich eingebunden in institutionelle Strukturen, in denen die Mitgliedsstaaten des Euro an einer überbordenden nationalen Verschuldung zu Lasten anderer gehindert werden können.

Europäische Souveränität setzt den Willen dazu voraus. Also die zumindest teilweise Aufgabe des Einstimmigkeitsprinzips in der Außen- und Sicherheitspolitik der Europäischen Union. Denn der derzeitige Zwang zur Einstimmigkeit führt viel zu oft zu einer verwässerten europäischen Position oder zu gar keiner. Die Bereitschaft zum Mehrheitsprinzip kommt nicht über Nacht, sie muss wachsen. Wie wäre es, wenn der Rat der Staats- und Regierungschefs der Europäischen Union sich einmal pro Monat als Europäischer Sicherheitsrat trifft, um über zentrale außen- und sicherheitspolitische Fragen zu beraten? Vorstellbar wäre es, dass jedes Land nur einmal überstimmt werden darf.

Und natürlich braucht es gemeinsame europäische Investitionen in die großen Felder des internationalen Wettbewerbs: in künstliche Intelligenz oder in die Mobilität der Zukunft. Denn nur, wenn wir wirtschaftlich erfolgreich bleiben, haben wir die Chance, in der Welt respektiert zu werden.

Das alles kostet Geld, natürlich. Seit dem Altertum kennt man den berühmten „Zehnten", also eine zehnprozentige Abgabe in Form von Geld oder Naturalien, um religiöse oder weltliche Institutionen zu finanzieren, die für die jeweilige menschliche Gemeinschaft sinnstiftend oder nützlich erschienen. Für die späteren Christen war es eine freiwillige Abgabe, die man vor allem „in der Zeit der Gnade" – also in guten Zeiten – entrichten sollte.

Unzweifelhaft leben wir in Deutschland seit Jahren und immer noch in einer „Zeit der Gnade". Europa aber ist uns gerade mal drei Prozent unserer jährlichen Bundesausgaben wert, und das, obwohl doch vor allem wir Deutschen besonders von diesem Europa profitieren. Denn als Exportweltmeister sind wir natürlich keine „Nettozahler", sondern die größten Nettogewinner Europas.

Gerade wir, die in der Nachkriegszeit in Westdeutschland geborenen, bilden eine „goldene Generation". Wir haben anders als alle unsere Vorfahren keinen Krieg erleben müssen. Aufstieg durch Bildung und Leistung war kein hohler Wahlkampfslogan, sondern wurde Schritt für Schritt immer mehr zu unserer realen Lebenserfahrung. Unsere Gesellschaft wurde liberaler, weltoffener und war doch weitgehend sicher und geordnet. Abgesehen von relativ kurzen Krisenphasen entwickelte sich tatsächlich Wohlstand, wenn nicht für alle, so doch für sehr viele. Nichts davon wäre ohne den Mut derjenigen denkbar gewesen, die sich wenige Jahre nach Kriegsende an ein damals schier unglaubliches Experiment wagten: die Schaffung einer Europäischen Gemeinschaft. Das soll nicht heißen, dass es nicht auch Armut, Elend und Ungerechtigkeit gab und gibt. Aber gemessen an den Lebenserfahrungen unserer Eltern und Großeltern geht und ging es uns „Gold".

Doch jeder Tag, an dem wir Zeitung lesen, Radio hören, im Internet surfen oder die Tagesschau sehen, zeigt uns: nichts davon ist gesichert. Zurzeit leben wir in einer Art „G-0-Welt", in der es keine Ordnungsmächte mehr gibt. Aber wir gehen Schritt für Schritt einer neuen G-2-Welt entgegen: den USA und China. In dieser G-2-Welt wird aus dem Kampf um die Stärke des Rechts der Kampf um das Recht des Stärkeren. Nicht mehr internationale Regeln, Multilateralismus, Gruppen wie G-7/8 oder G-20, die WTO oder andere weltweite Institutionen geben den Ton an, sondern die beiden Antipoden des 21. Jahrhunderts: die USA und China. Weil es die Vereinigten Staaten von Amerika viel Kraft kosten wird, sich in diesem Wettbewerb zu behaupten, ziehen sie sich aus allem zurück, was aus ihrer Sicht unnötig Kraft kostet: internationale Vereinbarungen, Rüstungskontrolle, atomare Abrüstung, Syrien, Irak, Afghanistan und auch von ihrer Rolle gegenüber ihren einstigen Verbündeten in Europa. Nur wer blind ist kann übersehen, dass Donald Trump in nur zwei Jahren alles eingerissen hat, was der Westen unter Führung der USA in den 70 Jahren nach dem Zweiten Weltkrieg aufgebaut hat.

Am Ende wird Amerika hoffentlich nicht so bleiben wie unter Donald Trump, aber es wird nie wieder das Amerika sein, welches wir in den vergangenen Jahrzehnten kennengelernt haben. Schon deshalb nicht, weil in nur wenigen Jahren die Mehrzahl seiner Bürgerinnen und Bürger keinen europäischen, sondern einen asiatischen, lateinamerikanischen oder afrikanischen Ursprung haben werden. Der Blick zurück auf das „alte Europa" wird ein anderer sein.

Es werden weit unbequemere und unruhigere Zeiten werden, als die „goldene Generation" sie erlebt hat. Damit unsere Kinder und Enkel darin trotzdem die Chance auf ein selbstbestimmtes Leben haben, muss sich vieles ändern. In der Innenpolitik, aber vor allem auch im Hinblick auf Europa. Exakt um diese Frage wird es in den kommenden Jahren gehen.

Und im Jahr 2019 wünscht man sich einen Europawahlkampf, in dem den Anti-Europäern eine Idee europäischer Souveränität entgegengehalten wird. Eine Idee, wie wir Europäer so leben können, wie wir leben wollen und nicht nur, wie wir – angeblich – leben müssen. Das ist mehr als nur ein Anti-Trump-Reflex und etwas anderes als der platte Ruf nach „mehr Europa". Denn es geht nicht um mehr Europa, sondern um ein anderes Europa. Eines, das nicht nur Werte hochhält, sondern auch willens und in der Lage ist, seine Interessen in der Nachbarschaft und global zu vertreten. Dafür braucht es nicht die „ever closer union", sondern den politischen Willen zur gemeinsamen Selbstbehauptung durch die Nationalstaaten. Von diesem politischen Willen seiner Mitgliedsstaaten hängt Europa ab und zuallererst von weiteren formellen Vergemeinschaftungen. Der Aufruf zu europäischer Selbstbehauptung dürfte jedenfalls attraktiver sein als der platte Ruf nach „mehr Europa". Und auch der „Kampf gegen Rechts", den so viele im Europawahlkampf führen wollen, ist ein verlorener Kampf, wenn dabei nicht klar wird, wofür man dieses Europa eigentlich braucht, welchen Inhalt und welche Form es in der Welt von morgen haben soll. Die Populisten von Rechtsaußen leben doch von den Worthülsen und Plattitüden der Mitte und der Linken.

Freiheit und Selbstbestimmung sind nicht kostenlos zu haben. Heute geben wir netto rund drei Prozent (10 Milliarden €) unseres Bundeshaushaltes für Europa aus. Zugegeben: 30 Milliarden ist eine große Summe. Darin wäre aber z.B. auch ein erheblicher Anteil Deutschlands für die gemeinsame Verteidigung enthalten, den wir ansonsten ohnehin aufbringen müssten. Zehn Prozent wären wohl kaum zu viel für ein Europa von morgen, welches selbst für seine Verteidigung und Sicherheit sorgt, Kriminalität und Korruption bekämpft, seine Grenzen schützt und trotzdem Flüchtlinge gemeinsam aufnimmt, seine Währung stabil hält, in Forschung und Entwicklung investiert und die Jugendarbeitslosigkeit im Süden bekämpft.

Damals, bei der Gründung der Europäischen Union, war allen klar: es geht im wahrsten Sinne des Wortes um Leben und Tod. Entweder entwickeln wir eine Art des Zusammenlebens, in der Konflikte friedlich und nach Möglichkeit zum Wohle aller Nationen gelöst werden, oder wir fallen erneut zurück in reaktionäre Zeiten, die am Ende nur zu einem führen: zu einem dritten Weltkrieg auf europäischem Boden. Es gehörte viel Mut dazu, den Weg des Friedens zu wählen, denn dafür musste man uns Deutsche wieder an den Tisch der zivilisierten Völker Europas einladen. Uns Deutsche, die gerade noch brandschatzend und mordend durch genau die Länder gezogen waren, die uns nun einluden, an einem gemeinsamen Europa zu bauen. Ich kann mir nicht vorstellen, dass die Bürger Frankreichs, Italiens, Belgiens, Luxemburgs und der Niederlande diese Idee unmittelbar mit Beifall begrüßt haben. Es gehörte politische Weitsicht und Mut dazu, den Weg trotzdem zu gehen. Um wieviel leichter haben wir Deutschen es heute.

Denn es geht nicht mehr um Leben und Tod, sondern nur noch ums Geld. Und „den Zehnten" sollte uns die Souveränität Europas allemal wert sein.

Vorwort zum Buch „Guten Morgen, Europa!“

von Prof. Dr. Dr. Dr. h.c. Franz Josef Radermacher

Ministerpräsident a. D. Prof. Dr. Jürgen Rüttgers, Ehrensenator des Senats der Wirtschaft, ist ein wichtiger Vordenker für die Zukunft Europas. Seine vielfältigen politischen Erfahrungen, insbesondere die langjährige Verantwortung für Nordrhein-Westfalen, sind dafür die Basis. Dazu gehört ein präzises Verständnis für die historische Rolle des Ruhrgebiets und seiner Potenziale, wie auch die Nähe zu Brüssel und damit zu dem Prozess der europäischen Einigung.

Jürgen Rüttgers ist ein mutiger, systemisch denkender, in historischen und juristischen Fragen kompetenter Akteur im Geschehen. Bei ihm reiht sich eine wichtige europäische Aufgabe an die andere. In jüngster Zeit z. B. als Berater der EU-Kommission für Zukunftstechnologien des EU-Präsidenten Jean-Claude Juncker, ebenfalls Ehrensenator des Senats der Wirtschaft.

Jürgen Rüttgers hat während seiner politischen Laufbahn die Idee der sozialen Marktwirtschaft, der inklusiven Ökonomie und der sozialen Balance immer konsequent verteidigt, auch in Zeiten, in denen manche von einer neuen sozialen Marktwirtschaft sprachen, bei der nicht klar war, was dieses „Neu“ eigentlich bedeutet. Gegen Kritiker und Nörgler, die keine starke Zukunft der EU wollen, hat er in einem einschlägigen Buch die Position untermauert, dass die EU bereits ein teilsouveräner Staat ist und dass wir zügig das Programm des deutschen Grundgesetzes verwirklichen können und sollten, um die volle Souveränität Europas zu erreichen. Konsequent ist dabei seine klare Haltung, dass dazu das bestehende Demokratiedefizit der EU überwunden und das europäische Parlament die vollen Rechte eines Parlaments benötigt.

In einer Zeit, in der viele das chinesische Programm und das Programm der Silicon Valley Giganten einer Neuronale-Netze-basierten künstlichen Intelligenz hochjubeln, stellt er kritische Fragen nach der Qualität dieser Intelligenz und den gesellschaftspolitischen Auswirkungen. Der chinesischen Vision eines Social-Credit-getriebenen Superorganismus Staat, der Assoziationen zu Ameisenkolonien aufweist, und den US-amerikanischen Vorstellungen in Richtung einer Totalkontrolle der Menschen im Rahmen der Terrorbekämpfung folgt er nicht. Stattdessen setzt er auf das abendländische Menschen- und Gesellschaftsbild, das er als attraktiven Gegenentwurf gesellschaftlich weiterentwickeln und letztlich in Markterfolge einer digitalen Zukunft à la Europa übersetzen will.

Jürgen Rüttgers glaubt an die Ausstrahlungskraft des Menschenbildes, das der europäischen Kultur entspricht. In dem jetzt vorliegenden Buch „Guten Morgen, Europa!“, das rechtzeitig zur Europawahl erscheint, beschreibt er diese Überlegungen. Eingeflossen sind diese Überlegungen auch in weitere Textbeiträge der Stiftung Senat der Wirtschaft zur Europawahl, in deren Entstehung er wesentlich involviert war. Das vorliegende Buch war dafür eine wichtige Inspirationsquelle.

Wir danken unserem Ehrensenator für sein unermüdliches Engagement für die Zukunft Europas und hoffen auf viele inspirierte Leser dieses Buches. Die Wahl zum Europäischen Parlament im Mai des Jahres 2019 ist eine Schicksalswahl für Europa.

Das Buch ist ein wichtiger Text zur richtigen Zeit.

Inhaltsverzeichnis

I. Freiheit, Einheit, Vielfalt, Subsidiarität: Das Vereinte Europa

Am Anfang war die „Große Europäische Freiheitsrevolution von 1989/90". Mit ihr wurde nicht nur Deutschland, sondern auch Europa wiedervereinigt. Mit ihr ging nicht nur der Kalte Krieg zwischen West und Ost zu Ende. Jahrhunderte des Kampfes um die Hegemonie in Europa und die westliche Vorherrschaft in der Welt sollten abgelöst werden durch ein neues Europa. Ist das Realität oder bleibt es nur ein Traum?

Die Völker Europas hatten in einem zehnjährigen Freiheitskampf ihre Fesseln abgeworfen. Anfang der 80er Jahre hatten die Polen mit der Gründung der Gewerkschaftsbewegung Solidarność den Kampf gegen die kommunistische Diktatur begonnen. In Ungarn führte nach einem erbitterten Machtkampf der Zerfall der kommunistischen Partei zur Abschaffung des Machtmonopols. In der Tschechoslowakei gewann das Bürgerforum unterstützt von Massendemonstrationen endlich die Freiheit. Die Öffnung des Eisernen Vorhangs zwischen Österreich und Ungarn durch die ungarische Regierung und die danach einsetzende Massenflucht ermutigte die Menschen in vielen Städten der DDR und in den baltischen Ländern, mit Kerzen in den Händen auf die Straßen zu gehen und für Freiheit und Einheit zu demonstrieren. Aus dem Ruf „Wir sind das Volk!" wurde das Bekenntnis „Wir sind ein Volk!". Der Kalte Krieg ging zu Ende, als die Sowjetunion, die unter ihrem Staatspräsidenten Gorbatschow vergeblich versucht hatte, ihre kommunistische Staats- und Planungswirtschaft zu reformieren, nicht mehr die Kraft hatte, ihr Imperium militärisch und wirtschaftlich zusammenzuhalten.

1995, 2004 und 2007 folgten große Erweiterungen der Europäischen Union. Die Völker Mittel- und Osteuropas wollten heim nach Europa. Die Ergebnisse der territorialen Veränderungen Europas wurden in völkerrechtlichen Verträgen anerkannt und besiegelt. Der Euro wurde als gemeinsame Währung eingeführt. Die innere Verfassung der Europäischen Union wurde zusammen mit der Grundrechtecharta und damit den Menschen- und Bürgerrechten vertraglich vereinbart. Die Grenzen im Inneren der Union wurden abgeschafft.

Die Freiheit hatte gesiegt. Die Zukunft war offen. Europa war vereinigt im Willen zu Freiheit, Einheit, Vielfalt und Solidarität.

II. Die Krisen

Revolutionen, gewalttätige und friedliche, werden getragen von dem Willen, politisch, ökonomisch und zivilgesellschaftlich etwas völlig Neues zu schaffen. Sie setzen meist große Emotionen frei. Im Falle der „Großen Europäischen Revolution von 1989/90“ war dies der Wille zur Überwindung der Teilung des Kontinents und zur Abschaffung der Diktaturen, um Frieden, Demokratie, Menschenrechte und Wohlstand für alle zu schaffen.[1] Revolutionen führen aber oft auch zu „post-revolutionären Folgekonflikten“.[2]

Die Weltfinanzkrise, die Staatsschuldenkrise, die Euro-Krise, die Flüchtlingskrise, der Balkankrieg, der Ukraine-Krieg, der Brexit, die Populismus-Krisen der europäischen Demokratien waren solche Kriege und Krisen, die der Befreiung folgten. Neue Staaten standen alten gegenüber. Neue Herrschaftssysteme entstanden, alte stürzten. Revolutionen kennen Gewinner und Verlierer. Revolutionen sind disruptive Veränderungen. Im vorliegenden Fall führten sie sogar zu einer neuen multipolaren Weltordnung.

China kehrte nach 150jähriger Abwesenheit auf die weltpolitische Bühne zurück. Russland, das sein Imperium verloren hatte, kämpft nunmehr mit aller Macht um eine neue Rolle als Supermacht.[3] Der russische Staatspräsident will deshalb auch kein starkes Europa.

Die USA, die militärisch und kulturell weiterhin dominieren, haben ihre frühere wirtschaftliche Vormachtstellung eingebüßt. Präsident Trump versucht, ohne Rücksichtnahme auf seine Partner im westlichen Bündnis, mit dem Motto „America First" neue wirtschaftliche Stärke zu erlangen und will deshalb auch kein vereintes Europa. Indien arbeitet beharrlich an seinem Aufstieg. Nur Europa sucht immer noch seinen Platz in der Welt.

Anders als oft behauptet wird, war die Zeit der europäischen Freiheitsrevolution in den 90er Jahren des letzten Jahrhunderts nicht nur eine Zeit großer Erweiterungen der Europäischen Union, die sicher noch nicht verkraftet sind. Sie war auch eine Zeit der Vertiefung, die wie immer in der europäischen Geschichte von Fortschritten und Rückschlägen begleitet war. Die Einführung einer gemeinsamen Währung und die Abschaffung der Binnengrenzen im Vertrag von Schengen ebenso wie die Verfassungsverträge der Europäischen Union und die damit verbundene institutionelle Weiterentwicklung des Europäischen Parlaments, der Europäischen Kommission zu einer politischen Kommission und des Europäischen Gerichtshofs zu Verfassungsinstitutionen waren große Fortschritte bei der Integration der neuen Mitglieder und Meilensteine auf dem Weg zum Vereinten Europa. Gleichzeitig wuchsen in vielen Mitgliedstaaten europakritische, gar europafeindliche Parteien und Bewegungen. Das Geld aus Europa nahm man gerne. Solidarität in Europa verstand man aber als Verlust von Souveränität.

Die Europäische Union ist noch nicht das Vereinte Europa, wie es die Präambel des Grundgesetzes als Ziel des deutschen Volkes und aller staatlichen Gewalt beschreibt. Das Vereinte Europa wird auch anders sein als die Bundesrepublik Deutschland, nämlich etwas ganz Neues.

Aber die Europäische Union ist auch heute schon ein teilsouveräner Staat mit einem Staatsgebiet, einem Staatsvolk und einer Staatsmacht.[4] Die Europäische Union hat zudem eine demokratische Legitimation. Das europäische Volk hat mit der Europawahl 1994, die neuen Mitglieder wiederum durch ihren Beitritt, die Umwandlung der Europäischen Union demokratisch legitimiert. Durch den Einigungsvertrag wurde mit verfassungsändernder Mehrheit sowohl der frei gewählten Volkskammer wie auch des Deutschen Bundestages der Beitritt der neuen Bundesländer zum Geltungsbereich des Grundgesetzes beschlossen und vom ganzen deutschen Volk mit der Bundestagswahl vom 02.12.1990 bestätigt. Damit wurde eine neue staatliche Ordnung auf der Ebene der EU und der Mitgliedstaaten mit zwei sich ergänzenden teilsouveränen Ebenen eingeführt. Weil die Europäische Union heute bereits ein demokratischer, föderaler und sozialer Rechtsstaat mit Gewaltenteilung, Subsidiarität und einem vergleichbaren Grundrechtsschutz ist, sind die vom Bundesverfassungsgericht geforderten Mindestvoraussetzungen nach Art. 79 und Art. 20 GG gegeben.

Die Verfassungsentscheidung des Bonner Grundgesetzes für eine offene Staatlichkeit hat nicht nur die Wiedervereinigung Deutschlands ermöglicht, sondern auch die Teilhabe an der europäischen Integration.

Wie wichtig das gemeinsame europäische Handeln nach innen und nach außen ist, zeigen digitale Angriffe auf unsere freiheitliche Demokratie aus dem Ausland, ebenso wie die neuen Handelskonflikte, die Terroranschläge auf europäische Städte, die asymmetrischen Kriege, die Bürger- und Religionskriege in unseren Nachbarländern. Es ist erstaunlich, dass immer noch Bürger der Europäischen Union glauben, solche Gefährdungen seien besser nationalstaatlich, statt europäisch zu bekämpfen. Auch die epochalen Veränderungen durch die Globalisierung, die Digitalisierung und die Migration können nur gemeinsam gestaltet werden.

Da die Europäische Union als Rechtsgemeinschaft gegründet worden ist und die Verfassungsverträge der Europäischen Union den gleichen Grundrechtsschutz gewähren wie das deutsche Grundgesetz, sind „die Werte der Europäischen Union und die des Grundgesetzes und der nationalen Verfassungen aller anderen Mitgliedsstaaten [...] ersichtlich zwei Seiten ein und derselben Medaille. Die politische Lage des Jahres 2018 macht deutlicher als zuvor, dass die Herausforderungen, denen wir uns in Bezug auf die Achtung der Grund- und Menschenrechte sowie den Schutz von Demokratie und Rechtsstaatlichkeit gegenübersehen, nur durch gemeinsame Anstrengungen der Europäischen Union und ihrer Mitgliedsstaaten gemeistert werden können."[5]

III. Europas Identität

Die Mehrheit von Europas Bürgerinnen und Bürgern ist europafreundlich. Sie wissen, dass Europa für ihre Zukunft wichtig ist.[6] Dennoch wird immer deutlicher, dass die alten Begründungen für die weitere Integration Europas, wie sie von den Gründervätern immer wieder benutzt wurden, heute nicht mehr ausreichen.

Damals in den 50er Jahren war das wichtigste politische Motiv nach zwei Weltkriegen und dem Menschheitsverbrechen der Shoah, Frieden zu schaffen und neue Kriege in Europa zu verhindern. Zwar ist die Europäische Union immer noch das größte Friedensprojekt der Weltgeschichte. Nach einem Jahrzehnt der Wirtschaftskrisen reicht dieses Friedensnarrativ aber anscheinend nicht mehr aus, um die Vollendung der Integration zu begründen.

Viele Menschen haben im Zeitalter der Globalisierung, der Digitalisierung und des Übergangs von der Industrie- zur Wissensgesellschaft Angst vor der Zukunft. Sie fürchten sich und sind wütend. Sie haben gesehen, dass die Staaten Europas viele Milliarden ausgegeben haben, um marode Banken zu retten. Sie wissen, dass sie mit der Nullzins-Politik und kleineren Renten dafür bezahlen müssen. Sie hören, dass viele Arbeitsplätze durch Big Data und immer mehr Roboter wegrationalisiert werden. Sie spüren, dass Wohnungen rar und unerschwinglich geworden sind.

Die Kluft zwischen dem Volk und den Eliten ist größer geworden. Fast überall herrscht Elitefrust.[7] Die Bürger glauben nicht mehr daran, dass sie noch Einfluss auf „die da oben" haben.[8] Selbst die Bundeskanzlerin und der französische Staatspräsident stellten auf ihrem Treffen in Meseberg fest: „Bei der Reform Europas sollten wir auf die Stimmen unserer Bürger hören."[9]

Neben dem Ziel, auch in den kommenden Jahren in Europa Frieden zu erhalten, gibt es viele große Aufgaben, die die europäischen Staaten nur gemeinsam lösen können.

Dazu gehören

- der Erhalt der Souveränität der Europäischen Union und der Mitgliedsstaaten,
- der Schutz der Außengrenzen, um die offene Grenze im Innern zu erhalten und um Zuwanderung zu steuern,
- der Kampf gegen den Terrorismus,
- die Bekämpfung des Klimawandels und die Verwirklichung der Klimaneutralität in Europa,
- die Gestaltung der Globalisierung, um „Wohlstand für alle" (Ludwig Erhard) durch die Vollendung eines wettbewerbsfähigen, nachhaltigen und inklusiven Binnenmarktes zu sichern oder zu ermöglichen,
- die Digitalisierung unserer Wirtschaft und unserer Lebenswelt,
- die Erhaltung unserer Kultur und damit der europäischen Identität.

Diese Ziele müssen konkretisiert werden, damit die Bürger Europas an der demokratischen Diskussion partizipieren können. Sie müssen durch die Europawahl 2019 demokratisch legitimiert werden.

Zu den wichtigen Aufgaben, für die nur gemeinsam Lösungen gefunden werden können, gehört die Garantie der europäischen Souveränität in einer neuen multipolaren Weltordnung. Die Souveränität des Vereinten Europa umfasst dabei die politische Selbstbestimmung nach außen und die Gewährleistung der Demokratie, des Rechtsstaates und der Gewaltenteilung nach innen.

Nur durch eine gemeinsame Außen- und Sicherheitspolitik kann die europäische Zukunft gegenüber und mit den anderen Großmächten USA, China und Russland gesichert werden. Nur so kann der auf allen Kontinenten vorhandene Terrorismus bekämpft werden. Nur so kann die militärische und politische Selbstbestimmung Europas erhalten bleiben. Die damit verbundene Friedensfähigkeit nach innen und nach außen ermöglicht Europa, Frieden zu schaffen und Frieden zu erhalten. Europa will Teil einer multipolaren Welt sein und lehnt deshalb jede Form von Nationalismus ab.

Dazu gehört eine gemeinsame Politik im Rahmen der Vereinten Nationen (UN). Das Vereinte Europa soll auch weiter Teil der Gemeinschaft der freien Völker des Westens sein und dort seine Verantwortung für den Frieden der Welt in Europa und darüber hinaus wahrnehmen. Das gilt für den politischen und militärischen Sektor. Die außen- und sicherheitspolitischen Entscheidungen müssen innerhalb der EU aber zukünftig mit Mehrheitsbeschlüssen getroffen werden können.

Das Vereinte Europa muss dazu im Rahmen einer neuen Nachbarschaftspolitik mehr Verantwortung für Frieden, Freiheit und Wohlstand im Osten Europas, dem Nahen Osten und in Afrika übernehmen.

Dazu gehört unabdingbar die Verwirklichung der Bürger- und Menschenrechte für alle Unionsbürger und die Menschen in den mit Europa verbundenen Nachbarstaaten. Nur, wo die Bürger- und Menschenrechte garantiert sind oder eingeführt werden, kann die Europäische Union helfen, mehr Lebenschancen zu ermöglichen.

Die soziale Marktwirtschaft ist die Wirtschaftsordnung der Europäischen Union, die Wohlstand für alle, Solidarität und Chancen sowie Gerechtigkeit für jedermann ermöglicht.

Nur gemeinsam kann die Wettbewerbsfähigkeit Europas in einer globalen und digitalen Welt gesichert werden. Der Vorstandsvorsitzende des führenden europäischen Telekommunikationsunternehmens Timotheus Höttges hat darauf hingewiesen, dass „Europas Anteil am weltweiten Exportmarkt 16 Prozent beträgt, nur knapp hinter China mit 17 Prozent und vor den USA mit 12 Prozent [...] Im Unterschied zum Silicon Valley, dessen Alleinstellungsmerkmal im Wesentlichen aus der Kombination aus Software-Know-How, Wagniskapital und herausragendem Marketing besteht", beruhen die „europäischen Cluster [...] vor allem auf hoher Handwerkskunst und exzellenter industrieller Fertigung, aber auch herausragender Grundlagenforschung". Er fügt allerdings hinzu: „den Wettbewerb um die großen Plattformen im Konsumentenbereich haben wir verloren. Das Spiel um das „Internet der Dinge" müssen wir gewinnen."[10]

Nur so kann die Spaltung der europäischen Gesellschaft verhindert werden. Wenn alle am Wohlstand teilhaben, werden auch die Ergebnisse von den Marktteilnehmern als gerecht empfunden. Dies ist umso wichtiger, wenn neue Technologien große Veränderungen verursachen, die große Anpassungsleistungen erfordern, weil die Ergebnisse in der Zukunft entstehen und deshalb nicht aus der Vergangenheit ableitbar sind.[11]

Nur so ist inklusives Wachstum und Beschäftigung auf Dauer möglich. Dazu muss der Binnenmarkt vollendet und eine gemeinsame Wirtschaftspolitik verwirklicht werden.

Nur so kann eine gemeinsame Steuer für digitale Dienstleistungen eingeführt werden, um ausländische Monopolfirmen gerecht zu besteuern.

Nur so kann weiterhin der grenzüberschreitende Warenverkehr erhalten werden. Gleiches gilt für Tourismus und den Reiseverkehr ohne Grenzkontrollen.

Der Euro als gemeinsame Währung der Europäischen Union soll als dritte globale Leitwährung zu Stabilität und Fortschritt beitragen. Dazu soll der europäische Stabilitätsmechanismus und die Bankenunion ausgebaut und vollendet werden, wie es in den Beschlüssen von Meseberg beschrieben wird. Dies umfasst eine Harmonisierung der nationalen Steuergesetze und den Ausbau der europäischen Gemeinschaftssteuern, zum Beispiel in der digitalen Wirtschaft.

Die Europäische Union soll danach die bestehenden wirtschafts- und stabilitätspolitischen Instrumentarien (Strukturfonds, wirtschaftspolitische Koordinierung) weiterentwickeln und ausbauen. Der Ausbau einer Technologie-Union, insbesondere die Digitalisierung der europäischen Industrie und Dienstleistungen sowie eine Reform des multilateralen Handelssystems sollen vorangetrieben werden.

Europa muss einen neuen marktwirtschaftlichen Ansatz für die Klimapolitik entwickeln. Die Politik ist, wie die Energiewende zeigt, nicht in der Lage, mit multilateralen und oft planwirtschaftlichen Beschlüssen eine weltweite Klimakatastrophe zu verhindern. Dies gilt umso mehr, als gleichzeitig die Verwirklichung der „Sustainable Development Goals“ (SDGs) der Vereinten Nationen zur Verbesserung der sozialen Situation der Menschen eine höhere ökonomische Wertschöpfung erfordert. Auch die starke Zunahme der Erdbevölkerung erfordert mehr Wirtschaftswachstum. Die Folge ist ein höherer Energieverbrauch, der – Stand heute – vor allem mit einem stärkeren Verbrauch von Kohle, Öl und Gas verbunden sein wird. Die in Deutschland propagierte Dekarbonisierung des menschlichen Lebens würde nur eine Insellösung darstellen, da gleichzeitig China, Indien und die USA sowie der afrikanische Kontinent zur Bekämpfung von Hunger und Armut weiter auf fossile Energie setzen werden. Franz Josef Radermacher fragt deshalb: „Wie all das zu globalem Umweltschutz, zu Klimaschutz und rascher Dekarbonisierung führen soll, […] erschließt sich nicht, wenn man die vier Grundrechenarten konsequent anwendet.“ Notwendig sind mithin neue ökonomische, technische und gesellschaftliche Veränderungen, die einander ergänzen und sich nicht widersprechen. Solche Lösungen können aber nur auf europäischer Ebene entwickelt werden.[12]

Gemeinsam können so die sozialen Strukturen Europas und der sozialen Marktwirtschaft als gemeinsame Wirtschafts- und Gesellschaftsform erhalten werden. Ebenso kann die soziale und nationalistische Spaltung Europas vermieden werden. Der Zerstörung der menschlichen Lebensgrundlagen, des gesellschaftlichen Zusammenhalts und der kulturellen Grundlagen der europäischen Gesellschaft kann so Einhalt geboten werden.

Wie gefährlich potenzielle Verirrungen sind, zeigt einmal mehr die Kündigung des Pariser Klimaabkommens durch den amerikanischen Präsidenten, obwohl er weiß oder wissen müsste, dass die Veränderungen des Klimas unserer Erde zweifelsfrei durch menschliches Handeln bedingt sind und große Gefahren für die Zukunft aufwerfen. Dieses Beispiel macht auch deutlich, dass heute Meinungen statt Fakten, Behauptungen statt wissenschaftlicher Erkenntnis von immer mehr Menschen als wichtiger angesehen werden.

Die erheblichen Reaktionen auf die steigenden Migrationsbewegungen in die reichen Länder des Westens bei den europäischen Mittel- und Unterschichten zeigen dies ebenso.

Nicht zuletzt bewirkt die Angst vor dem Verlust der kulturellen Identität weitere Spaltungen in den westlichen Gesellschaften, die mit nationalistischen Verirrungen, politischen Radikalisierungen sowie weitgehenden Entgrenzungen und Veränderungen verbunden sind. Deshalb ist es notwendig, die Handlungsfähigkeit der staatlichen, ökonomischen und gesellschaftlichen Institutionen zu erhalten[13] und dadurch auch die Reformfähigkeit der europäischen Gesellschaften zu sichern.[14]

Die europäische Verfassung ist heute schon Grundlage für ein „Europa der zwei Geschwindigkeiten". Das zeigt die Tatsache, dass nicht alle EU-Mitglieder den Euro eingeführt oder die Schengen-Grenzen aufgehoben haben. Nachdem eine Reihe von Mitgliedstaaten sich unter Berufung auf ihre Souveränität weigern, die Einheit Europas zu vollenden, müssen andere vorangehen. Das neue Europa wird ein Europa variabler Geschwindigkeiten sein.

Nur so kann es gelingen, den europäischen „way of life" auch in Zukunft zu erhalten.

IV. Gemeinsame Ziele für eine gemeinsame Zukunft

Der scheinbar unaufhaltbare Trend zur Entgrenzung menschlicher Lebensräume durch die Globalisierung, die Digitalisierung und die Wissensgesellschaft hat zu Gegenbewegungen geführt, die versuchen, in „Neo-Gemeinschaften" neue kollektive Identitäten aufzubauen. Sie berufen sich dabei auf ethnische, religiöse oder nationale Wurzeln.[15] Da diese „nicht marktförmlich organisiert" sind, schafften sie Sicherheit, Anerkennung und Authentizität, behaupten sie.[16] Deshalb grenzen sie sich von Staat, Wirtschaft und Zivilgesellschaft ab, in dem sie sich über „Geschichte, Raum und Ethik" definieren und diese als „unhinterfragbar" betrachten.[17] Die Folge ist die Entstehung von Parallelgesellschaften, die mit anderen Individuen und Nationen nicht verbunden sind, sondern sich trennen und damit auf Dauer heimatlos machen.

Die Verbindung von Individualität und Gemeinschaft ist angesichts der „Entfesselung der Singularitäten"[18] nur in der Rückgewinnung des Allgemeinen und des Gemeinsamen zu finden. Nur gemeinsame Lösungen für die großen Herausforderungen werden neue europäische und nationale Identitäten begründen. Der Erhalt der europäischen Kultur, die eine Kultur der Vielfalt ist, wird es möglich machen, die „America-First-Ideologie" und autoritäre Formen von Herrschaft wie in China und Russland zurückzudrängen. Globalisierung und Digitalisierung sowie die politische Gestaltung dieser Veränderungen durch die Wissensgesellschaft führen eben nicht, wie behauptet wird, zu einer totalen Vereinheitlichung, sondern machen Vielfalt möglich. Sie führen nicht zu einer Standardisierung und dem Verlust an Eigenheiten, sondern sie führen zu einer Form von Zusammenhalt, die Vielfalt erlaubt. Gerade die Abgrenzungen durch einen neuen Nationalismus gefährden diese Vielheit. Nationen müssen offen sein für Neues, Anderes, Ungewolltes, Konflikthaftes, weil sie sonst starr werden. Sie werden unfriedlich, unfreundlich und unbeweglich; ja, sie verarmen sowohl geistig wie wirtschaftlich. Dadurch wird das Andere, weil es freiheitlich und offen ist und damit authentisch, immer attraktiver, während die Nationen durch Nationalismus an Zusammenhalt verlieren. Wenn sich eine Nation nach außen abschottet, wird sie zu einer gefährlichen Größe, weil sie nicht mehr attraktiv ist, sondern sich abgrenzt oder andere ausgrenzen muss.[19]

Zusammenhalt und Offenheit erreicht eine Gesellschaft durch gemeinsame Ziele. Gemeinsame Ziele verhindern die Spaltung einer Gesellschaft, machen den offenen politischen Diskurs möglich, erfordern Transparenz und schaffen Freiräume, führen zu einer Anerkennung menschlicher Leistungen und machen Selbstverwirklichung möglich, ohne zur Ökonomisierung aller Lebensbereiche zu führen.

Solche gemeinsamen Ziele in Europa sind

1. Mehr Demokratie in Europa

Mehr Demokratie erfordert eine Reform der europäischen Institutionen. Die in der Erklärung von Meseberg[20] vorgesehene Verkleinerung der Mitgliederzahl der Europäischen Kommission und die Einführung länderübergreifender Listen für die Europawahl 2024 reichen dabei nicht aus.

Das Europäische Parlament braucht das Recht, eigene politische Initiativen zu beraten und zu beschließen. Die komplizierte Verschränkung von supranationaler Zusammenarbeit, übergouvernmentaler Beschlusslage und einer komplizierten Verschränkung von Zuständigkeiten der einzelnen europäischen Organe muss transparenter und effektiver werden. So, wie sie heute ist, ist sie undemokratisch. Notwendig ist, dass alle zentralen Beschlüsse auf beiden für Unionsentscheidungen vorgesehenen Wegen legitimiert werden – nicht nur auf dem indirekten Weg über die im Rat vertretenen Regierungen, sondern immer auch unmittelbar durch das Europäische Parlament.[21]

2. Mehr Gewaltenteilung und ein handlungsfähiger Rechtsstaat

Zu den Grundprinzipien jeder Demokratie gehört eine klare Gewaltenteilung. Der Europäische Rat, die Vertretung der Mitgliedsländer durch die Staats- und Regierungschefs, hat gleichzeitig Regierungs- und Parlamentsfunktionen. Das ist undemokratisch. Die in den Verfassungsverträgen vorgesehenen Mehrheitsentscheidungen (Art. 238 AEKV, Art. 250 AEKV) hat der Europäische Rat durch einen einfachen politischen Beschluss suspendiert. Das ist verfassungswidrig. Notwendig, um Beschlüsse zu fassen, ist jedes Mal ein einstimmiges Votum. Dadurch bekommt jedes Mitgliedsland ein Vetorecht, das in den Verfassungsverträgen nicht vorgesehen ist. Da die Beschlüsse des Rates in nicht öffentlicher Sitzung gefasst werden, wird das Klagerecht der Unionsbürger eingeschränkt. Die Staats- und Regierungschefs der EU haben nur eine nationale Legitimation, keine europäische. Sie sollten zukünftig als zweite Parlamentskammer ihre europäische Verantwortung wahrnehmen. Dabei sind besondere Rechte, wie sie zum Beispiel der amerikanische Senat in Fragen der Außen- und Verteidigungspolitik hat, denkbar.

3. Außen- und Verteidigungspolitik

Europa war einmal groß. Bis zur Mitte des 20. Jahrhunderts stellten die Europäer noch 21,6 % der Weltbevölkerung. Im Jahre 2050 werden es laut Prognose der Vereinten Nationen (UN) nur noch 7,6 % sein.[22] Wenn Europa in der globalen Welt, aber auch im Atlantischen Bündnis Einfluss haben will, muss es in der Außen- und Verteidigungspolitik gemeinsam auftreten. Das erfordert schnelle Entscheidungen. Die Welt wartet nicht, bis die Europäer eine gemeinsame Position erarbeitet haben. Deshalb müssen auch in der gemeinsamen Außen- und Sicherheitspolitik der EU (GASP) Mehrheitsentscheidungen der Regelfall werden.[23] Die außenpolitischen Institutionen müssen ausgebaut werden, etwa durch einen EU-Sicherheitsrat und/oder eine gemeinsame Mitgliedschaft im UN-Sicherheitsrat.

Europa muss mehr Verantwortung übernehmen, vor allem in seiner Nachbarschaft. Nur so kann es eigene Interessen adäquat wahrnehmen. Das gilt für die Nachbarstaaten im Osten und im Westbalkan, die in absehbarer Zeit nicht Vollmitglied der EU werden. Dies gilt für die Staaten des Nahen Ostens, die sich in Religions- und Bürgerkriegen aufreiben. Dies gilt vor allem in unserem Nachbarkontinent Afrika. Europa hat ein eigenes Interesse und eine historische Verantwortung, dass in diesem Kontinent demokratische Rechtsstaaten entstehen. Nur so bekommen die Menschen in Afrika Chancen für ein besseres Leben.

Sicherheitspolitik ist für uns in Europa nicht nur Verteidigungspolitik im Kriegsfall und bei militärischer Bedrohung. Für uns gehört die Verhinderung von Krieg zur Verteidigungspolitik.

Gerade die neuen Konflikte haben das Ziel, durch Cyber-Kriege oder asymmetrische Kriege Nachbarstaaten zu destabilisieren. Außenpolitik ist immer auch der Versuch, Kriege und Konflikte durch multipolare Politik und Abkommen zu verhindern und/oder zu begrenzen. Kriege und militärische Einsätze sind für Europa nur das letzte Mittel, wenn Politik nicht weiterkommt. Sie sind in erster Linie Verteidigungskriege, wenn Europa oder Mitgliedsländer angegriffen werden.

Deshalb enthält Art. 42 Abs. 7 der Verfassungsverträge der EU eine Beistandsverpflichtung, die erstmalig auf Antrag der Französischen Republik am 17. November 2015 nach den terroristischen Überfällen in Paris beantragt wurde.

Wir wünschen uns, dass Auslandseinsätze unserer Streitkräfte völkerrechtlich legitimiert sind. Deshalb sind gemeinsame europäische Einsatz- und Streitkräfte wichtig. Sie sind politisch Teil des Atlantischen Bündnisses, der NATO, die uns 70 Jahre Frieden in Europa und Amerika gesichert hat.

Um die anstehenden Aufgaben zu erfüllen, sind nicht nur höhere Investitionen in die europäischen Verteidigungsstreitkräfte erforderlich, sondern vor allem eine gemeinsame Strategie, die mit der NATO koordiniert ist. Diese Beiträge sind gerade in einer Zeit erforderlich, in der die USA sich zurückziehen und Europas Institutionen in ihrem aktuellen Zustand „unter zu hohen Belastungen“ stehen, um dafür Ersatz zu sein.[24]

4. Inklusives Wachstum in einer europäischen Wirtschaftsunion

Die europäische Wirtschaft hat die großen Krisen der letzten Jahre überwunden. Sie ist aber noch nicht auf die Herausforderung der Globalisierung, der Digitalisierung und der Wissensgesellschaft ausreichend vorbereitet.

Europa braucht die Vollendung des Binnenmarktes und der Währungsunion, um eine Wirtschaftsunion aufzubauen.

In den letzten Jahren ist es nicht allen Mitgliedsländern gelungen, ihre Wettbewerbsfähigkeit zu erhalten bzw. zu verbessern. In den letzten Jahren ist die Produktivität in Deutschland wie auch in ganz Europa kaum noch gewachsen. Durch die Globalisierung und die Digitalisierung wird der Druck auf die Wettbewerbsfähigkeit weiter erhöht. Wenn die Produktivität nicht mehr steigt, führt das nicht nur zu höheren Kosten bei Produktion und Dienstleistung, sondern auch zu Lohnungleichheiten und regionalen Unterschieden. Versuche, Wettbewerbsfähigkeit nur durch Kostensenkung zu sichern, werden auf Dauer nicht gelingen. Immer weniger Beschäftigte müssen dann mehr erwirtschaften. Das Wirtschaftswachstum erreicht nicht mehr alle Bürger. Die Einkommensunterschiede wachsen. Der demografische Wandel und die teilweise vorhandene Vollbeschäftigung führen zudem zu Facharbeitermangel, Nachwuchsproblemen bei Fachkräften sowie Ausbildungsplätzen und fehlenden Dienstleistern. Die Digitalisierung ermöglicht große Rationalisierungseffekte mit der Folge, dass vor allem bei einfachen Tätigkeiten in der unteren Mittelschicht Arbeitsplätze abgebaut werden. Personenbezogene Dienstleistungen können nicht mehr in Anzahl und Bezahlung adäquat zur Verfügung gestellt werden.

Zwar sind die Schreckensszenarien, die eine „technologische Arbeitslosigkeit“ durch Digitalisierung und den Einsatz von Robotern oder künstlicher Intelligenz voraussagen, weit verbreitet. Sie haben jedoch mit der Wirklichkeit kaum etwas zu tun. Statistisch gesehen ersetzt ein zusätzlicher Roboter im verarbeitenden Gewerbe zwei Arbeitsplätze. Im Zeitraum von 1994 bis 2014 wurden in Deutschland etwa 131.000 Roboter installiert. Die Industriearbeit in der Gesamtbeschäftigung hätte damit um rund 23 Prozent sinken müssen. Dies ist jedoch nicht geschehen, weil die Arbeitsplatzverluste durch Arbeitsplatzgewinne außerhalb des verarbeitenden Gewerbes kompensiert wurden. Der Einsatz neuer Technologien zerstört mithin nicht zwangsläufig Arbeitsplätze, sondern „verändert die Struktur der Beschäftigung“. Allerdings gibt es negative Sekundäreffekte. „Roboter führen keineswegs zu Entlassungen, die Arbeitsplätze wurden erhalten.“ Der Einsatz von Robotern hat zwar zur Folge, dass weniger neue Arbeitsplätze für junge Menschen geschaffen werden. Bei Facharbeitern in der Produktion führt die Automatisierung durch Roboter also nicht zu einem „negativen Beschäftigungseffekt“. Hier waren stattdessen Lohneinbußen festzustellen.[25]

Auch durch Zuwanderung und eine weitere Erhöhung der Frauenerwerbsquote lässt sich die Lücke bei der Produktivität auf Dauer nicht schließen. Dies gilt umso mehr, als Zweiteinkommen in der Familie schon heute immer häufiger erforderlich sind, um die Lebenshaltungskosten (hohe Mieten, Mietnebenkosten, lange Anfahrtswege zum Arbeitsplatz, hohe Bildungskosten, Erhalt des Lebensstandards) zu decken. Familien brauchen mehr Zeit für sich selbst, wenn die Geburtenzahl wieder wachsen soll. Deshalb sind Digitalisierung und die Steigerung der Produktivität notwendig.

Die Einkommensunterschiede in Europa steigen als Folge sowohl zwischen den Haushalten als auch in den Regionen.[26] Einige Regionen boomen, andere verarmen. Das Wirtschaftswachstum in Europa war zwischen 2000 und 2017 niedrig. Die Arbeitslosigkeit war hoch. „Die Geschichte des Fortschritts ist auch eine Geschichte der Ungleichheit".[27] Viele bekommen neue Chancen, andere arbeiten hart und bleiben trotzdem arm. Und dennoch geht es uns Menschen aufs Ganze gesehen besser als jemals in früheren Zeiten. Mehr Menschen sind wohlhabend. Die Lebenserwartung steigt rasant. „Die heutige weltweite Ungleichheit ist weitgehend das Produkt des modernen Wirtschaftswachstums."[28]

Die Globalisierung und neue Produkte und Produktionsverfahren haben zu „einer ständigen Zunahme des Wohlstands in den reichen Ländern geführt, auch wenn die Wachstumsraten heute niedriger sind – nicht nur im Vergleich zu den schnell wachsenden Ländern, sondern auch zu den früheren Verhältnissen in den reichen Ländern selbst. [...] Mit sinkender Wachstumsgeschwindigkeit klaffte die Einkommensschere zwischen den Menschen innerhalb der meisten Länder immer weiter auseinander."[29] Vielen geht es heute besser. Manchen, z.B. im Mittelstand, geht es so gut wie ihren Eltern. Sie fragen sich aber, wie es ihren Kindern und Enkelkindern gehen wird.[30] Die Wirklichkeit unserer Tage ist eine Geschichte von Wachstum und wachsender Ungleichheit.

Das Wirtschaftswachstum (BIP) war deshalb auch nicht inklusiv. Ein Grund liegt darin, dass das Produktivitätswachstum kaum noch steigt. Seit Anfang des Jahrhunderts haben nach Ermittlungen der OECD nur noch 5 % der Firmen ihre Produktivität mehr als 40 % gesteigert. 95 % der Firmen in den gleichen Branchen erarbeiteten nur noch 5 % des Produktivitätswachstums. Da Lohnsteigerungen von der Steigerung des

Produktivitätswachstums abhängen, spaltet sich so die Gesellschaft nach Einkommen und Teilhabe.

Wenn die Unternehmen in Europa höhere Löhne zahlen sollen, muss das Wachstum der Produktivität höher sein. Zurzeit nutzen die kleinen und mittleren Unternehmen, die das Rückgrat der europäischen Wirtschaft sind, nur zu 36 Prozent Industrieroboter. Nur jedes fünfte Unternehmen arbeitet schon vorwiegend digital.[31] Der Einsatz von Industrierobotern wächst jährlich zweistellig. In mittelständischen Unternehmen werden zunehmend „Cobots" eingesetzt. Diese Kleinroboter sind geprägt durch eine einfache Handhabung, eine schnelle Programmierung und einen günstigen Preis.[32]

Seit 2000 hat Europa eine spürbare Deindustrialisierung erlebt. Der Beitrag der Industrieproduktion zum europäischen Brutto-Inlandsprodukt (GDP) ist von 18,5 % auf 15 % im Jahr 2012 gesunken. 3,8 Mio. Jobs sind zwischen 2008 und 2012 in diesem Sektor verloren gegangen. Der Industriesektor darf aber nicht wie der Agrarsektor im letzten Jahrhundert Schritt für Schritt absinken. Die Industrie ist und bleibt für Europa von zentraler Bedeutung. 36 Mio. Menschen arbeiten in der industriellen Produktion, d.h. 1 von 5 Arbeitsplätzen. Die Industrieproduktion ist auch die maßgebliche Grundlage für Produktivitätssteigerungen und Innovationen. Eine Stunde Arbeit im „Manufacturing", also in der Produktion, erwirtschaftet 32 Euro Mehrwert. Mit einem Anteil von 16 % der Wertschöpfung ist „Manufacturing" verantwortlich für 64 % der Forschungs- und Entwicklungsaufwendungen und 49 % der Innovationen. Jeder neue Arbeitsplatz in diesem Bereich schafft zwischen 0,5 und 2 Jobs in anderen Sektoren. 80 % des EU-Exports werden durch die Industrie erwirtschaftet.[33]

Zudem ist die Produktivität in der EU ein globaler Spitzenreiter, etwa im weiten Bereich grüner Technologien, bei Produkten für nachhaltige Energien, bei der CO2-Vermeidung, bei neuen Robotern sowie innovativen und maßgeschneiderten Gütern und Dienstleistungen.[34]

Weil einerseits also alte Arbeitsplätze abgebaut und gleichzeitig neue Arbeitsplätze entstehen müssen, muss alles getan werden, um während dieses Veränderungsprozesses eine politische Balance am Arbeitsmarkt zu erhalten. Es darf kein „Death Valley“ entstehen.

Neben der Schaffung neuer moderner Arbeitsplätze durch technologische Spitzenleistungen in der Industrie kann so auch die globale Wettbewerbsfähigkeit gesichert werden.

Die Volksrepublik China versucht mit ihrem Plan „Made in China 2025“ die Führung in zehn Schlüsseltechnologie-Sektoren zu erreichen.[35]

Die USA haben demgegenüber von 2000 bis 2014 einen Verlust von mehr als 10 % der industriellen Arbeitsplätze und Rückgänge in 10 von 19 Industriesektoren zu verzeichnen.

Beide Entwicklungen zeigen, dass die EU ihre Wettbewerbsfähigkeit bei strategischen Wertschöpfungsketten und damit bei einem stetigen Produktivwachstum in der Industrie und der Schaffung neuer Arbeitsplätze ausbauen und verteidigen muss.[36]

Drittens können durch die Steigerungen des Produktivitätswachstums die Produktivitätskosten so gestaltet werden, dass Arbeitsplätze, die aus Kostengründen in andere Kontinente ausgelagert wurden, zurückgeholt werden können. Durch schlechte Investitionsbedingungen im Inland entwickeln sich dort auch Produktivität und Einkommen schlechter.[37]

Die Europäische Kommission will sich im neuen Forschungsrahmenprogramm „Horizon Europe“ in den Jahren 2020–2025 auf die Förderung von drei Schlüsseltechnologie-Gruppen konzentrieren: Produktionstechnologien (Advanced Manufacturing Technologies, Advanced Materials and Nano-Technologies, Life Science Technologies), Digitaltechnologien (Micro-/Nano-Electronic and Photonics, Artificial Intelligence) und Cyber Technologies (Security and Connectivity). So sollen Lösungen für folgende Sektoren erreicht, erarbeitet, erfunden und entwickelt werden: Umwelt, Energie, Mobilität, Gesundheit und Wohlbefinden, Lebensmittel und Ernährung, Sicherheit, Privatheit, Inklusion und Gleichheit.

Ziele, die zu einer Re-Industrialisierung beitragen, sind ein höheres Produktivitätswachstum, neue Arbeitsplätze, neue Unternehmen, die Rückholung ausgelagerter Arbeitsplätze und Ertüchtigung der europäischen Wissensbasis durch ein weltweit führendes Bildungs- und Ausbildungssystem. Missionen in diesen Bereichen müssen klare Ziele haben, die für die Öffentlichkeit verständlich sind und jeweils mehrere Sektoren umfassen. Sie sollen für den öffentlichen wie privaten Bereich Lösungen bieten und auch europaweit und international einsatz- und ausbaufähig sein.

Zu diesen Missionen gehören insbesondere der Aufbau einer inklusiven demokratischen Gesellschaft, die Schaffung einer industriellen Basis für die nächste industrielle Revolution und den Aufbau einer digitalen Struktur als Jobmaschine. Dazu soll ein „sicheres Internet“, das die europäische digitale Souveränität gewährleistet, aufgebaut werden. Die neue Industrie soll viel stärker als heute eine Kreislaufwirtschaft sein. Die Automobilindustrie soll eine saubere und sichere Mobilität gewährleisten. Die Kohleindustrie soll vom „Klimakiller“ zu einem neuen industriellen Rohstoffproduzenten werden. Die Energieindustrie soll auf erneuerbare Energieträger umgestellt werden. Der Gesundheitssektor soll durch ein europäisches Gesundheitsnetzwerk die Vorsorge und Behandlung verbessern. „Bio-Manufacturing“ soll ein neuer Industriezweig werden. Die Agrar- und Lebensmittelindustrie sollen nachhaltiger und nachvollziehbarer werden. Sauberes und sicheres Wasser muss für jedermann verfügbar sein. In Europa soll jeder sicher leben, gleichgültig ob Klimaveränderungen, Naturkatastrophen oder Terroranschläge drohen. Das erfordert eine resiliente Infrastruktur. Aber vor allem brauchen Deutschland und Europa trotz der guten Lage in Wirtschaft und auf den Arbeitsmärkten eine Wiederbelebung der Ordnungspolitik und ein Ende der willkürlichen Eingriffe in das Marktgeschehen, wenn Europa den Wettbewerb mit den USA und China bestehen will.[38]

5. Identität und Souveränität

Es ist eben nicht wahr, dass unser Glück in der Vergangenheit liegt. Zukunft braucht immer wieder den Mut, Neues zu wagen und Altes besser zu machen.

Viele haben Angst vor der Zukunft, weil sie Angst vor Veränderungen haben. Deshalb laufen sie den alten Parolen nach. Sie wollen neue Grenzmauern errichten, um sich dahinter zu verstecken. Sie wollen Mitbürger, die vor Krieg, Gewalt und Armut geflohen sind, ausgrenzen und ausweisen. Sie fordern Souveränität, weil sie die Kontrolle über das Leben in unserem Land erobern wollen. Sie diskreditieren andere Meinungen und Haltungen, weil sie die offene Demokratie, die moderne Gesellschaft, die liberale und soziale Marktwirtschaft verachten. Sie wollen die freiheitliche Demokratie zu einer illiberalen Diktatur machen, in der der eigene Staat Vorrang vor allen anderen Staaten hat. So zerstören sie die Gemeinsamkeiten, die uns Deutsche und Europäer zusammenhalten. Sie rauben damit der Identität, die unsere Gemeinschaft zusammenhält, die Grundlage. Es wird Zeit, dass Europa von der Vorstellung Abschied nimmt, globale Herausforderungen könnten mit nationalstaatlichen Mitteln gelöst werden.[39] Viele Aufgaben können nur zusammen gelöst werden.[40]

Es gibt aber auch Voraussetzungen, die für den gemeinsamen Weg zu einem Vereinten Europa erforderlich sind, weil sie staatlichem Handeln vorgelagert sind. Sie bilden nämlich den Rahmen, welcher demokratische Legitimität erst schafft.[41] Diese Rahmenbedingungen sind die Identität eines Volkes und die Souveränität der Staaten.

Ein demokratischer Staat, der durch die Zustimmung des Staatsvolkes legitimiert werden will, braucht eine Identität, die sich die Bürgerinnen und Bürger zu eigen machen. „Die Legitimität hängt davon ab, dass die eingesetzte Herrschaftsgewalt als wohlbegründet, rechtmäßig und anerkennungswürdig gilt.“[42] In „politisch-kultureller Hinsicht“ meint dies ein Gemeinschaftsbewusstsein[43], das „idealerweise eine ‚Kommunikations-‘, eine ‚Erinnerungs-‘ und eine ‚Erfahrungsgemeinschaft‘ voraussetzt.[44]

Der Begriff „Souveränität“ bedeutete früher die „Innehabung der höchsten Gewalt“, die keiner rechtlichen und gesetzlichen Bindung unterliegt und auch nicht von anderen Instanzen aufgehoben werden kann. In der heutigen Zeit gibt es aber auch für Staaten geltendes Recht und zuständige Gerichte, die auch Staaten verurteilen können wie etwa der Europäische Gerichtshof (EuGH).

Zwar leitet sich „Alle Staatsgewalt […] vom Volke ab.“ (Art. 20 Abs. 2 Satz 1 GG) Als Träger der Staatsgewalt hat das Volk, das meint die Gesamtheit aller Staatsangehörigen, die Bundesrepublik Deutschland und indirekt auch die Europäische Union gegründet. Das Volk, das die von ihm begründete Staatsgewalt in „Wahlen und Abstimmungen und durch besondere Organe der Gesetzgebung, der vollziehenden Gewalt und der Rechtsprechung“ ausübt (Art. 20 Abs. 2 Satz 2 GG), steht nicht über der Verfassung.

> „Es agiert nicht als Souverän, sondern als Organ der Verfassung. Ein absoluter Souverän passt […] nicht zu einem Staat, in dem es eine Gewaltenteilung gibt und Verfassung und Recht gelten.“[45]

Deshalb ist die häufig zitierte Definition des nationalsozialistischen Staatsrechtlers Carl Schmitt: „Souverän ist, wer über den Ausnahmezustand entscheidet“[46] undemokratisch und verfassungswidrig. Souverän ist das Volk, das aus Staatsbürgern bestehend in einer Demokratie durch Wahlen und Abstimmung oder durch andere Verfassungsorgane im Rahmen der jeweiligen Zuständigkeiten entscheidet. Und das gilt nicht nur im Ausnahmezustand, sondern auch im Normalzustand.

Da die Europäische Union schon heute alle Kriterien erfüllt, die einen Staat ausmachen und über „zwei Legitimationsströmungen demokratischer Willensbildung“ verfügt, und zwar „der aus den Mitgliedsstaaten über nationale Parlamente und Executivspitze sowie einer neuen eigenen für das Europäische Parlament“[47], konnte das Bundesverfassungsgericht feststellen, dass die Europäische Union alle Voraussetzungen erfüllt, die das Grundgesetz fordert.[48]

„Diese duale Repräsentation garantiert ununterbrochene Legitimationsketten."[49] Das Prinzip der Volkssouveränität „hat zum Inhalt, die Staatsgewalt so in einer Weise zu organisieren, dass sie sich in ihrer Errichtung und Ausübung vom Willen des Volkes herleitet bzw. auf ihn zurückgeführt werden kann. Die Legitimationskette geht vom Demos über die von ihm gewählten Volksvertreter und die von diesen bestellten Regierungen bis zu den Institutionen und dem Führungspersonal der EU."[50]

Das Mehrebenen-System der europäischen Demokratie ist gekennzeichnet durch „geteilte Souveränität, variable Grenzen, zusammengesetzte Identität, Steuerung durch gütliches Einvernehmen und eine fragmentierte, in der Summe aber vollgültige Demokratie."[51] Der europäische Staat, der Rechtsstaat, Gewaltenteilung und repräsentative Demokratie umfasst, hat ausweislich der Europäischen Verfassung die Soziale Marktwirtschaft als Wirtschafts- und Gesellschaftssystem.[52] Notwendig, aber unvollständig ist noch ein weiterer Ausbau des föderalen Systems in Europa. Da es in Europa keinen Staat gibt, in dem nur ein Volk lebt, hat der Föderalismus, wenn auch unterschiedlicher Prägung, die Aufgabe, das Zusammenleben der Völker möglich zu machen. Die Europäische Union ist nämlich sowohl multiethnisch als auch multinational.[53] Demokratische Staaten haben keine ethnisch begründete Staats- und Unionsbürgerschaften. In Europa gibt es viele Nationalitäten und zwar sowohl mehrere Nationen in einem Staat als auch eine Nation in mehreren Staaten. Die europäische Einheit ist deshalb nur als Einheit von Volk und Staat sowohl im Vereinten Europa als auch in seinen Mitgliedsstaaten vorstellbar, aber nicht als Einheit von Nation und Staat.[54]

Nation, Staat und Europa können im Zeitalter von Globalisierung und Digitalisierung, aber auch in einer Zeit, in der Antisemitismus und Nationalismus neuen Zulauf finden, nur als Demokratien verstanden werden.

Nicht der Nationalstaat ist das Modell der Zukunft, sondern die Demokratie, die in Staat, Wirtschaft und Gesellschaft sowie in Europa und allen seinen Mitgliedsstaaten gelebt und verteidigt wird. Die Nationen in diesen demokratischen Staaten tragen zum Zusammenhalt bei. Sie fördern die Identität, indem sie Gemeinschaft fördern, Erinnerung bewahren und gemeinsame Erfahrungen und Kommunikation ermöglichen. Sie ermöglichen auch Grenzen zu überwinden, politische Kompromisse zu schließen, internationalen Handel in Konkurrenz zu treiben, andere Kulturen kennenzulernen, Flüchtlinge aufzunehmen, Innovationen zu ermöglichen und gesellschaftliche sowie wirtschaftliche Umbrüche zu bestehen. So, wie sich Staat und Religion in den letzten Jahrhunderten getrennt haben, werden auch Nation und Staat nicht mehr identisch sein. Die Nation kann in Vielvölkerstaaten und multikulturellen Gesellschaften nur überleben, wenn die Staatsbürger, die einer Nation angehören, auch eine gemeinsame kulturelle Identität haben und einen Willen zur Solidarität.[55]

Der Engländer Stephen Green weist in seinem Buch „Dear Germany“ darauf hin, dass „Identität […] immer etwas Zusammengesetztes ist. Sie kann viele Elemente enthalten: Geografie, Geschichte, Kultur, Sprache, gemeinsame Interessen und die Art und Weise, in der Gesellschaften sich regieren. Keines dieser Elemente ist für sich notwendig zur Konstituierung von Identität (so hatten z. B. die Juden die meiste Zeit ihrer Geschichte keine geografische Identität und die Schweizer haben keine gemeinsame Sprache) und keines ist für sich ausreichend. […] Bisweilen können diese Elemente – insbesondere die Geschichte – problematisch sein, wie die Deutschen wissen, unvermeidbar. […] Auch können Identitäten, die auf diesen verschiedenen Elementen beruhen, überlappen und sind nicht exclusiv [...] Deutschland ist ein Land, in dem die Menschen sich über lange Zeiträume hinweg als verschiedene Schichten von Identitäten zugehörig gefühlt haben: Da gab es zunächst die überaus wichtige Heimat, dann die Region und zugleich die deutsche Kultur, die durch ihre Sprache definiert war. [...] Die Auseinandersetzungen, die Deutschland nach dem Krieg mit seiner Vergangenheit und im Rahmen der Wiedervereinigung führte, haben die Aufmerksamkeit darauf gelenkt, dass es eine deutsche Identität tatsächlich gibt [...]. Die deutsche Erfahrung mit geschichteten und überlappenden Identitäten passt ganz ausgezeichnet zu der Realität des neuen Europas, das die unterschiedlichen Identitäten entfalten und wertschätzen muss, statt sie abschätzig zu bewerten oder gar für nichtig zu erklären. [...] Wie also wird die Struktur des neuen Europas am Ende beschaffen sein? Seit seinen Anfängen in den 1950er-Jahren hat sich das Projekt nicht gemäß einem festen Plan, sondern in eine Richtung entwickelt, über die nicht immer Einigkeit bestand, für die aber jede Menge Improvisation benötigt wurde. Das wird in Zukunft nicht viel anders sein. In gewisser Weise gleicht die Entwicklung der EU dem Bau einer jener großen Kathedralen des mittelalterlichen Europas: Wer immer den Grundstein legte, wusste, dass er die Vollendung des Bauwerks nicht erleben und der Plan sich mit den kommenden Generationen weiterentwickeln würde. Einige dieser Kathedralen stürzten zusammen, weil das Vorhaben zu ehrgeizig gewesen war. Einige blieben (wie der Kölner Dom) über Hunderte von Jahren unvollendet, andere für immer. Viele brachten die Städte, die sich an den Bau wagten, fast zum Bankrott (genau dieses Schicksal befürchten einige britische Euroskeptiker für die EU). Viele aber wurden zu etwas vollendet, was wohl selbst die kühnsten Vorstellungen der Grundsteinleger übertroffen hätte. [...] Der Bau dieser Kathedrale ist das Risiko und den Kampf wert. Und an dieser Antwort haben auch die Krisen und Herausforderungen der letzten Jahre nichts geändert. Die deutsche Antwort auf die Frage nach der Identität lautet: Die Europäer haben in der Tat einen gemeinsamen Weg, auch wenn er schwierig zu bestimmen ist und sie ihn nur als einen von den Wegen anderer Kulturen verschiedenen kennen; sie haben bedeutende Werte gemeinsam, die sie von anderen unterscheiden, und insofern haben sie der Welt viel zu bieten. […] Ja, die Kathedrale ist den Kampf um sie wert."[56]

Nicht der Nationalstaat ist das Modell der Zukunft, sondern die Demokratie in Staat, Wirtschaft und Gesellschaft. Europa und seine Mitgliedstaaten sichern insoweit das Überleben der Nationen.[57]

V. Innovationen

80 % des Wirtschaftswachstums der EU beruhen, wie wir gesehen haben, auf Investitionen in Produktivitätssteigerung. Produktivität wird getrieben durch Investitionen in Forschung, Entwicklung und Innovationen. Solche Investitionen brauchen ein modernes Innovationssystem. Der Begriff Innovationssystem meint „den Komplex von Organisationen und Politik, die zusammen die Rate und Richtung des technologischen Wachstums bestimmen".[58] Ein Innovationssystem verbindet Kapazitäten in Grundlagenforschung und angewandter Forschung, technologische und nicht-technologische Entwicklungen und umfasst Wissens-Institutionen sowie den öffentlichen und privaten Sektor. Innovationssysteme sind der Schlüsselfaktor für die gesamte Wertschöpfungskette und erfordern die Integration der regionalen, nationalen und europäischen Ebene.[59]

Notwendige Voraussetzungen für ein erfolgreiches Innovationssystem sind

- die in den europäischen Verfassungsverträgen garantierten Grundrechte der Meinungsfreiheit, der Freiheit der akademischen Forschung, der Bildungsverantwortlichkeit und eine verfassungsgemäße Regierung;
- eine erhebliche Erhöhung der Mittel für die gesamte Wertschöpfungskette von der Grundlagenforschung bis zum Produkt. Die vom Europäischen Parlament und von Forschungskommissar Moedas vorgeschlagene Erhöhung der Mittel für Forschung, Bildung und Innovation

im neuen Programm „Horizont Europa“ auf über 100 Milliarden Euro für die Jahre 2021–2027 ist ein klares Signal, dass Europa sich behaupten will.[60]
Deutschland hat 2017 erstmals mehr als 3 Prozent des Bruttoinlandsproduktes (BIP) investiert. Die EU-Staaten erreichen im Durchschnitt nur 2 Prozent.[61]
– Offenheit für die Welt. Deshalb steht die EU für eine multilaterale Welt ohne Nationalismus und Protektionismus, ohne Steuerverkürzungen und Grenzbarrieren. Europa schützt sein Wissen, seine Technologien und seine Hightech-Firmen, die keine Steuern in Europa zahlen, können keine Technologieförderung aus dem 9. Europäischen Forschungsrahmenprogramm erhalten.
– dass alle Regionen Europas an den technologischen Kooperationen teilhaben können. Dies gilt auch für die interregionale Zusammenarbeit. Die ländlichen Räume sollen besonders in den Bereichen Bildung, Forschung und Entwicklung gefördert werden.

Im Einzelnen bedeutet dies

- den Ausbau des europäischen Bildungs- und Ausbildungssystems;
- den Ausbau des Erasmus-Programms für Studenten und seine signifikante Ausweitung für Lehrlinge;
- Europa braucht ein Life-long-learning-System;
- der Vorschlag des französischen Präsidenten Macron, ein Netzwerk für europäische Spitzenuniversitäten einzurichten, sollte verwirklicht werden;
- die Investitionen für Forschung und Entwicklung in Europa und den europäischen Mitgliedstaaten müssen spürbar erhöht werden;

- Europa muss sich mehr um Start-ups und Risikofinanzierungen bemühen. Ohne die Offenheit für disruptive Ideen wird es zu wenige innovative Neugründungen geben;
- überall in Europa sollen regionale oder branchenüberschreitende Konzepte erarbeitet werden, die in Zusammenarbeit zwischen Wissenschaftsinstitutionen (Universitäten, Fachhochschulen, außeruniversitären Forschungsinstituten), Unternehmen (Konzernen, KMUs, Start-ups) und Genehmigungsbehörden, die schnelle Entscheidungen ermöglichen, entstehen sollen. Konzepte und Ideen, die auch mit europäischen Partnern in Wettbewerbsverfahren verfolgt werden, sollen sich um eine große, langjährige Förderung bemühen. Jeder Teilnehmer kann, falls er nicht zu den Gewinnern zählt, aus der Regionalförderung bezuschusst werden;
- um die notwendige kritische Größe für die Entwicklung wettbewerbsfähiger Technologien und Produkte zu erreichen, ist die Schaffung von „Clustern" erforderlich. Diese sind nicht in erster Linie Investitionen in die Regionalentwicklung, sondern Basis für „Exzellenz-Cluster". Cluster brauchen den Anschluss an europäische Wertschöpfungsketten;
- Europa muss die Zahl der Patente substanziell erhöhen, um sein geistiges Eigentum zu vergrößern und zu schützen. Die Patentverfahren müssen beschleunigt und die Kosten dafür gesenkt werden, damit auch mittelständische Firmen ihr Wissen häufiger patentieren;
- Europa muss systematischer die Entwicklung von weltweiten Standards vorantreiben. Europäische Normen erleichtern die Skalierung von Produkten;
- die Europäische Union muss den Schutz ihrer Wettbewerbsordnung, die Verhinderung von Monopolen, die Durchsetzung ihrer Standards (Umwelt, Datenschutz,

technische Sicherheit, Lebensmittel- und Bio-Sicherheit etc.) gegen Verstöße und Angriffe ausbauen;

- die Akzeptanz neuer Technologien, Produkte und Verfahren hängt von deren Transparenz und der Beteiligung der Bürgerinnen und Bürger, der Verbraucher und Arbeitnehmer am Planungs- und Entstehungsprozess ab. Die Verfahren für eine systematische Technikfolgen-Abschätzung und den sozialen Dialogen müssen ausgebaut und verbessert werden. Sie dürfen nicht nur NGOs und Kampagnen-Organisationen sowie der Internet-Debatte überlassen werden;
- der europäische Binnenmarkt muss besser vor Cyber-Angriffen geschützt werden. Die hohen europäischen Standards leisten einen unverzichtbaren Beitrag zu Konsumentensouveränität. Auch bei den IKT-Standards sind Verbesserungen erforderlich, die einen einheitlichen Wettbewerbsrahmen garantieren;
- auch das Steuer- und Abgabensystem muss zumindest in den Grundstrukturen harmonisiert werden (Umsatzsteuer, Körperschaftsteuer etc.); die Rahmenbedingungen für Investitionen in Innovationen müssen besser werden;
- das Recht des Eigentums an Daten muss neu gefasst werden. Der Ertrag neuer Daten wird privatisiert, ohne die Dateneigentümer angemessen am Gewinn zu beteiligen. Neben der damit verbundenen Enteignung führt dieses System zu Datenmonopolen, aber auch zum Sinken der Löhne gemessen am Volkseinkommen.[62]

VI. Digitalisierung

Seit Ende des 18. Jahrhunderts hat die industrielle Revolution in drei großen Schritten die Art, wie Menschen leben, arbeiten und produzieren, und damit auch die menschliche Kultur, grundlegend verändert. Nach der Mechanisierung der menschlichen Handarbeit erfolgte mit der Erfindung der Dampfmaschine die Elektrifizierung und anschließend die Automatisierung der industriellen Produktion. Seit Ende des 20. Jahrhunderts beginnt eine weitere fundamentale Veränderung, nämlich die Digitalisierung.[63] Während in den ersten drei Entwicklungsstufen die Rationalisierung, die Standardisierung und das Skalieren der Produktion im Vordergrund standen, hat sich durch die Digitalisierung eine Veränderung bei den Produktionsfaktoren ergeben. Die klassischen Produktionsfaktoren Boden, Kapital und Arbeit wurden ergänzt durch den Produktionsfaktor Wissen. Dieser bestimmt heute schon die Wertschöpfungsketten.[64]

Mit dieser Entwicklung von der Manufaktur über die Massenproduktion zur globalen Wissensgesellschaft ist eine kulturelle Revolution eingeleitet worden. Mit der Aufklärung war der Glaube an den Fortschritt des menschlichen Lebens verbunden. Die immer rationellere Organisation von Arbeitsabläufen hatte eine Entwicklung von Klassengesellschaften zur Folge. Der Klassenkampf wurde zusammen mit der Demokratisierung der staatlichen Institutionen in den 1950er Jahren durch Konrad Adenauer und den DGB-Vorsitzenden Hans Böckler überwunden. Durch die Tarifautonomie, das Betriebsverfassungsgesetz und die Mitbestimmung wurde die soziale Partnerschaft eingeführt.[65]

Die Digitalisierung ist geprägt von Algorithmen, die eine besonders effektive Form des Einsatzes von Rechenmaschinen ermöglicht. Sie sind zunehmend „dynamisch-selbstlernend" und verbessern bzw. perfektionieren sich zukünftig selbst. Sie bieten einen „Höhepunkt an formaler Rationalität im Sinne zweckrationaler Berechenbarkeit".[66] Dazu kommt durch das Internet das Zusammenführen von Medientechnologien und Computermaschinen, die eine „programmgesteuerte Gestaltung, Umgestaltung, Reproduktion und Übertragung sämtlicher medialer Formate" ermöglicht. Als drittes Element kommt mit dem Internet die „kommunikative Vernetzung zwischen Computern und anderen Apparaten" hinzu.[67]

Aus diesen Elementen ist bereits heute bei den großen Monopolunternehmen der Silicon Valley-Ökonomie ein „Überwachungskapitalismus" entstanden.

Die Harvard-Professorin Shoshana Zuboff versteht diesen als „Mutation des modernen Kapitalismus. Er geht davon aus, dass die private menschliche Erfahrung frei zugängliches Rohmaterial für die kapitalistische Produktion und den Warenaustausch ist. Zweitens kombiniert er digitale Technologien mit Strategien heimlicher Überwachung, um Verhaltensdaten aus allen menschlichen Erfahrungen zu extrahieren. Drittens nutzt er Maschinenintelligenz, um Verhaltensdaten in Verhaltensprognosen umzuwandeln – ich nenne sie „Vorhersageprodukte". Diese Produkte werden dann an die neuen Märkte verkauft, die ausschließlich mit Prognosen über unser zukünftiges Verhalten handeln." Zuboff fügt hinzu: „Sie nutzen ihren Wissensvorsprung, um unser Verhalten zu beeinflussen. Das ist eine völlig neue Form von Macht".[68]

Der „oberste KI-Wissenschaftler“ von Facebook Yann LeCun gibt mittlerweile zu, dass die Systeme bereits heute „maschinelles Lernen“ anwenden: „Sie zeigen dir Inhalte, die du magst, aber von Zeit zu Zeit zeigen sie dir Dinge, die du vielleicht magst, aber wir wissen das nicht zuvor. Es ist sehr komplex.“ Diese KI-Systeme werden kontinuierlich angepasst: „Ja, es gibt ein Modell deines Geschmacks, das nur deines ist.“ Und: „Deswegen sind die Systeme jetzt darauf getrimmt, Inhalte zu zeigen, auf die du reagierst, die wahrscheinlich in einem Austausch zum Beispiel mit der Person münden, die den Inhalt geteilt hat – was für dich viel zufriedenstellender ist als passiver Konsum.“ Facebook verfügt nach seiner Aussage über KI-Systeme für Übersetzung, Gesichtserkennung, Verarbeitung natürlicher Sprache, Systeme, die Videos für dich auswählen, die einschätzen, ob sich zwei Nutzer wahrscheinlich mögen oder welcher Inhalt sie anspricht.[69]

Solche weltweiten und fundamentalen Veränderungen kennzeichnen die „digitale Revolution“. Jeder weiß, dass diese technischen Erfindungen auch die Art, wie wir denken, leben und arbeiten, erheblich verändern wird. Jeder spürt aber auch, dass wir letztlich noch nicht verstanden haben, wie diese Welt funktioniert. Jeder ahnt, dass sie unsere Gesellschaften in Angeschlossene und Ausgeschlossene spalten können.

Am Anfang der Digitalisierung glaubten viele, es entstehe eine neue Welt der Freiheit. Das „globale Dorf“ war der Wunschtraum vieler. Inzwischen haben wir verstanden, dass auch diese neue Welt dringend Regeln braucht. Selbst große Internet-Firmen wie Microsoft fordern inzwischen staatliche Regelungen, etwa für die Gesichtserkennung.[70] Die folgenden Gedanken sollen helfen, diese oft sehr technischen Debatten besser zu verstehen. Sie gehen uns nämlich alle an.

- Regeln für die Online-Welt sind keine Einschränkungen der Freiheit. Sie garantieren die Freiheit. Deshalb braucht die digitale Welt vernünftige Regelungen.
- Der Grundgedanke digitaler Regelungen sollte sein, dass alles das, was offline gilt, auch online gelten muss. Dies meint, dass die Grundlagen unseres Rechtssystems auch in der digitalen Welt gelten müssen.
- Aber es gibt gravierende Unterschiede. Die analoge Welt ist geprägt von kausalen Denkvorgängen. Die digitale Welt benutzt sehr häufig Korrelationen. Sie nutzt damit Wahrscheinlichkeiten.
- Auch die politische Kommunikation ändert sich rasant. Während bei den traditionellen Medien (TV, Radio, Print) die Realität gespiegelt wird, entsteht in der Internet-Kommunikation eine eigene Welt. Sie ist vor allem durch hohe Geschwindigkeit und schon dadurch durch eher geringe Reflektion gekennzeichnet. Berichterstattung und Kommentare vermischen sich zunehmend.[71] Meinungen sind wichtiger als Tatsachen. Eigenbewertungen werden der fachlichen Bewertung vorgezogen. Die Nutzer misstrauen den Eliten, der Politik und den „Experten". Die Sprache ist knapper und härter, ja teilweise radikalisiert. Gewissheiten werden in Frage gestellt.
- All das geht einher mit einer intensivierten Identitätssuche. Gleichzeitig schränken algorithmenbasierte Informationssammlung und personalisierte Zuteilung den Informationsfluss ein und manipulieren ihn. Social Bots, Fake News und „alternative Fakten" verändern als bewusst konstruierte oder gefälschte Meldungen die Weltsicht vieler Menschen, weil sie zuvor deren Meinung ermittelt haben und diese dann bestätigen.
- Die demokratische Partizipation in der digitalen Welt braucht weder Orte noch Grenzen. Die Geschwindig-

keit der Kommunikation nimmt rapide zu. Die Interaktivität wird gesteigert.[72]

- Aus dem starken Staat und den angeblich machtlosen Bürgern wird der digitale Staat, in dem jeder Bürger nicht nur Wähler, sondern Entscheider ist. Der Bürger beherrscht die Kommunikation selbst. Desinformationen, Anfälligkeit für Manipulationen und Populismus wachsen. Auch die staatliche systemrelevante Infrastruktur wird anfällig.
- Demokratische Gesellschaften sind offene Gesellschaften und deshalb vielfältiger als Diktaturen und hybride Systeme, in denen die ungeregelte Marktwirtschaft und totalitäre Herrschaft kombiniert sind.
- Das gilt auch für Angriffe und Kriege im Cyber- und Informationsraum. Hier geht es um Kriminalität (Darknet, Kinderpornografie, Rassismus, Waffen- und Drogenhandel, Zugriff auf private Konten, Spionage etc.). Attacken auf demokratische Institutionen (Bundestag, Ministerien, Behörden) und Angriffe auf militärische Strukturen (Viren-Angriffe, System-Blockaden) sind neue Gefahren. Zwar existiert auch im Cyber-Space das Recht zur individuellen oder kollektiven Selbstverteidigung. Wann jedoch ein Angriff erfolgt ist oder ein Cyberwar begonnen hat, ist ungeregelt.[73] Kriege werden zukünftig eine Kombination von konventionellen Waffen und von Cyberwar sein. Waffensysteme, die vollautomatisch kämpfen und Kampfroboter befinden sich in der Entwicklung und nahe an der Realität.[74]

Angesichts dieser grundlegenden Veränderungen unserer Lebenswelt ist nicht nur eine rechtliche, sondern auch eine ethische Diskussion über unsere Zukunft erforderlich. Es entsteht nicht nur eine neue Weltordnung, sondern auch eine neue Weltgesellschaft. Es geht nicht nur um eine Neuverteilung staatlicher Macht, sondern auch um neue ökonomische Regeln und neue Formen, die menschlichen Gesellschaften Zusammenhalt ermöglichen.

Durch die Entkopplung von Staatlichkeit und Ökonomie entstehen neue ökonomische Strukturen und wirtschaftliche Machtverhältnisse. Die von Computern, globaler Kooperation und von Algorithmen geprägte Wirtschaft führt zu einer Entgrenzung von Arbeitswelt und Produktion. Es entstehen globale Wertschöpfungsketten, die die Auflösung klassischer Betriebe zur Folge haben, die Auflösung starrer Arbeitszeiten veranlassen, die Abschaffung von Betriebshierarchien erfordern und die Einführung von Gruppenarbeit und Homeoffice ermöglichen.

Die Industriegesellschaft war als Folge der Aufklärung, die die Vernunft des Menschen in den Mittelpunkt stellte, eine Welt, die an den Fortschritt glaubte. Große Veränderungen führen nun zu neuen „Fortschritts- und Verfallsnarrativen".[75] Ohne Fortschritt werden Europa und der Westen keine Zukunft haben. Der Fortschritt findet aber nur Akzeptanz, wenn er vor allem Menschen zu einem besseren Leben verhilft. Das erfordert eine politische Gestaltung der Wissensgesellschaft, die das Leben menschlicher macht.

Dazu sind politische Entscheidungen von historischer Bedeutung erforderlich. China ist zurzeit dabei, eine totale Überwachung seiner Bürger aufzubauen. Die USA versuchen, eine flächendeckende Kontrolle der Kommunikation zur Verhinderung terroristischer Anschläge einzuführen.

Europa muss einen eigenen Weg gehen, der sowohl seine digitale Souveränität sichert, als auch die Privatheit seiner Bürger garantiert. Dazu müssen die Datenmonopole aufgelöst und die Datensicherheit gewährleistet werden. Mit der Datenschutz-Grundverordnung hat die EU die Tür zur Selbstbestimmung der Bürger Europas über die eigenen Daten geöffnet. Die EU ist bereits heute neben den USA und China der dritte internationale Digital Player. Europa muss jetzt sicherstellen, dass unsere Demokratie vor digitalen Angriffen sicher ist. Dazu brauchen wir ein eigenes „Europa-Netz", das sicher und global wettbewerbsfähig ist. Nationale Lösungen haben auf Dauer weltweit keine Chance. Die Wirtschaft, das Wissenschafts- und Bildungssystem sowie das Sozialsystem sollen erfolgreich und menschlich sein. Sicheres Internet heißt Datenschutz, Privatheit, Verfügungsrecht über die eigenen Daten, kein Hate Speech, kein Rassismus, kein Antisemitismus, kein Darknet, keine Kinderpornografie.[76]

Der frühere amerikanische Außenminister Henry Kissinger warnt, dass es das Ziel des Internets sei, „Wissen durch die Akkumulation immer umfangreicherer Daten zu ratifizieren". Menschliche Erkenntnisse verlieren ihren persönlichen Charakter. Individuen werden zu Daten und Daten werden vorherrschend. Hinzu kommt nach seiner Auffassung: „Die Wahrheit wird relativ. Informationen drohen Weisheit zu überwältigen".[77]

Der Journalist und Physiker Ranga Yogeshwar stellt in einer klugen Rede die Frage: „Wie verändert die digitale Welt unsere Gesellschaft?"[78] Seine Antwort ist: „Die Veränderung der Gesellschaft durch die digitale Gesellschaft … geht einher mit einer Verhaltensänderung, einem Wandel der Prozesse innerhalb unseres Alltages und Arbeitslebens, einen Wechsel unserer Selbstsicht, der Veränderung unserer Perspektive auf unser Umfeld, der Umgestaltung unserer Gesellschaft". Und er fügt hinzu: „Die digitale Gesellschaft wird eine andere Gesellschaft sein als diejenige, die wir heute kennen. Doch worin bestehen die Unterschiede? Was ändert sich – was bleibt?".

Eins jedenfalls ist klar: Die Reduktion auf einfache Zahlen, die politisch kommunikationsfähiger scheinen, reicht nicht aus: Der Ausbau von X-km neuem Glasfasernetz, die Steigerung des Digitalisierungsgrades der deutschen Bevölkerung von 53 % auf einen Spitzenplatz, Industrie 4.0, das Internet der Dinge, Smarthome, autonomes Fahren. Was bedeutet das eigentlich konkret?

Die Industrie erweckt den Eindruck, als ob in Kürze autonomes Fahren in unseren Straßen möglich sei. Wissenschaftler gehen davon aus, dass frühestens 2050 auf allen Straßen autonomes Fahren möglich wird. Wer haftet eigentlich bei Unfällen? Was geschieht eigentlich mit den „nicht autonomen Fahrzeugen"?

Viele neue Lösungen für eine digitale Infrastruktur stehen noch in den Sternen. Digitale Währungen können das Monopol der Staaten über die Geldwirtschaft ablösen. Die Zentralbanken verlieren vielleicht ihr Alleinstellungsmerkmal. Bereits heute machen die „Bitcoin-Schürfer" rund eine Milliarde Dollar Gewinn pro Jahr bei einem Umsatz von knapp 4,5 Milliarden Dollar. 60 Prozent des Gewinns müssen für die Stromkosten der Computer verwendet werden, die überall auf der Welt kryptografische Aufgaben lösen. 17 Megajoule in Form von Strom mussten von Anfang 2016 bis Mitte 2018 im Durchschnitt aufgebracht werden, um einen US-Dollar an neuem Wert zu schaffen. Der Energieaufwand für Gold lag bei fünf Megajoule, wie eine Studie in *Nature Sustainability* darlegte.[79]

Ein weiteres Beispiel: E-Autos brauchen Strom, um die Batterien aufzuladen. Wo tanken die Menschen, die in Großstädten keine Garage haben und ihren Wagen am Straßenrand abstellen?

Bei einem „realistischen Verbrauch von 20 Kilowattstunden pro 100 Kilometer wird sich der Strombedarf einer ‚sparsamen Kleinfamilie' von 3.000 Kilowattstunden pro Jahr fast verdoppeln."[80]

Überall werden Programme für künstliche Intelligenz von Politikern verkündet. Künstliche Intelligenz beruht auf neuronalen Netzwerken. „Bei tiefen neuronalen Netzwerken, mit manchmal über 20 hintereinander geschalteten Schichten" weiß niemand, „was auf den nachgeschalteten Ebenen eigentlich passiert".[81]

Henry Kissinger sagte zu dieser Problematik: „Diese Algorithmen, die mathematische Interpretationen von beobachteten Daten sind, erklären nicht die Realität, die sie erzeugt".[82]

Eine Art „kollektive Entzauberung" hat stattgefunden, die, wie der Netzsoziologe Tim Hwang schreibt, immer eintritt, wenn sich die „vorhergesagte Heilslehre" nicht erfüllt. Die Begründung für diese Entwicklung reicht vom Vorwurf, Gewinninteressen hätten die gute Idee zerstört, über die Behauptung, man habe das ja schon immer gesagt, bis zur Hoffnung, die jüngere netzaffine Generation werde das schon richten, und zur Erkenntnis, die Datenmonopole hätten zwangsläufig zu Marktmissbrauch führen müssen. Deshalb müsse das Netz erneuert werden. Der Erfinder des World Wide Web, Tim Berners-Lee, arbeitet unter dem Namen „Social Linked Data" an einem solchen Projekt. Jeder soll zukünftig die Hoheit über seine persönlichen Daten behalten. Diese sollen in verschiedenen Containern, „Pods" genannt, gespeichert werden. Der Nutzer bestimmt selbst, wer den Zugriff auf diese Daten hat. Man kann mit seinem Pool den Anbieter wechseln, indem man dem Anbieter oder Dienstleister die Rechte entzieht. Berners-Lee will eine „digitale Konterrevolution", indem er das Netz wieder dezentralisiert.[83] Das Datenmonopol wäre beendet.[84]

Wir lassen uns also auf etwas ein, was wir nicht verstehen; auf etwas, dass die Wirklichkeit verändert, ohne dass uns dies gesagt wird, noch dass uns dies überhaupt bewusst ist. Menschen und Maschinen manipulieren unsere Welt, ohne öffentlich Rechenschaft abzulegen. Die Erarbeitung neuer politischer, ökonomischer, rechtlicher und gesellschaftlicher Regeln steht erst am Anfang. Zu staatlicher und ökonomischer Macht tritt eine autonome technische Macht hinzu.

Es gibt allerdings auch viele Gründe, dass durch künstliche Intelligenz (KI) keine AGI (Artificial General Intelligence), also eine künstliche allgemeine Intelligenz entstehen wird.

Auch KI kann die Naturgesetze nicht außer Kraft setzen. Das menschliche Gehirn ist außerordentlich leistungsfähig. Eine Großhirnrinde verfügt über 25 Milliarden Neuronen, die über die Synapsen um die 100 Billionen Verbindungen bilden können. Ein menschliches Gehirn braucht nur rund 20 Watt Energie. Die Stromkosten belaufen sich also auf rund 20 Dollar. Ein Supercomputer mit gleicher Leistung würde eine Stromrechnung von 1 Milliarde Dollar pro Jahr zur Folge haben.

Selbst wenn KI und Roboter gemeinsam handeln könnten, würden sie nicht über ein eigenes Bewusstsein, also über Erfahrung und Emotionen als Grundlagen menschlichen Bewusstseins verfügen.

Und:

„Maschinen haben keine Sinneseindrücke". Unsere Lebenswelt kann man nicht durch ein „mechanistisches Weltbild erfassen. Maschinen fehlen die „Werteerfahrungen […] die wir täglich machen: Sympathie, Treue, Loyalität, Mut."[85]

Demnach müssen Deutschland und Europa ihre Chancen im Bereich der „Künstlichen Intelligenz" nutzen und gleichzeitig Gefahren vermeiden. Deutschland muss sich dabei auf seine Stärken konzentrieren. Diese liegen sowohl im Bereich der Grundlagenforschung als auch beim Einsatz von KI bei der Digitalisierung des vorhandenen Maschinenparks. Neben der Industrieproduktion (Industrie 4.0) geht es um den Einsatz von „lernenden Systemen" auch beim Einkauf, der Logistik, dem Personalwesen und den Kundenkontakten. In einer ersten Stufe kann KI auch die Daten des gesamten Fertigungsprozesses aufnehmen und auswerten sowie die Fertigungsprozesse und den Materialeinsatz optimieren.[86] Wir wissen allerdings noch nicht, welche Folgen die „Automatisierung geistiger Tätigkeiten" mit sich bringt. Was wir aber wissen, ist, dass der Wandel zur Wissensgesellschaft sich nicht durch Abschottung aufhalten lässt.[87]

Daraus folgt: Die Europäische Kommission muss eine Präsidentschaftskommission einsetzen und einen öffentlichen Prozess einleiten, der eine europäische Ethik für die digitale Welt diskutiert und eine europäische Vision für ein humanes digitales Europa entwickelt.

Wichtig ist

- dass nur Algorithmen eingesetzt werden, deren Inhalte und Veränderungen dokumentiert sind;
- dass die Haftung für den Einsatz „künstlicher Intelligenz" gesetzlich geklärt ist;

- die sozialen Netzwerke als Medien definiert sind und die Verantwortlichkeiten denjenigen anderer Medien entsprechen;
- alle in Europa eingesetzten Medien denselben Datenschutzregeln unterliegen wie alle anderen Produzenten, Anbieter und Nutzer;
- alle Regeln, Standards und Normen, insbesondere die Haftungs- und Steuergesetze auch für die Computer-, Netzwerk- und Medienwirtschaft gelten;
- unsere digitale Infrastruktur muss vor Angriffen, Terroranschlägen, Diebstahl geistigen Eigentums und vor allem auch vor Manipulationen unserer Demokratie besser geschützt werden. Wir brauchen ein sicheres Internet, das unsere Daten schützt;[88]
- digitale Monopolfirmen müssen nach den Regeln des europäischen Monopolrechts kontrolliert und ggf. auch entflochten werden;
- Europa muss seine Industrie schützen. Daten sind zwar für die digitale Industrie wichtig. Sie gehören aber den Datenproduzenten. Wer Daten nutzt, muss für Sicherheit sorgen. Deshalb brauchen wir eine Euro-Cloud und Euro-Router. Statt das Internet durch Staatstrojaner unsicherer zu machen, sollte eine Software für ein sicheres Internet gefördert werden. Software-Sicherheit sollte ein Markenzeichen der europäischen Digitalisierung werden, eine End-to-End-Verschlüsselung Pflicht werden.[89]

VII. Nachbarschaftspolitik

Im Jahr 2016 veröffentlichte der „Senat der Wirtschaft“ eine Studie, in der er vorschlug, einen Marshall-Plan mit Afrika zu erarbeiten und umzusetzen.[90] Damit wollte er an das historische „European Recovery Programm“ erinnern, das nach dem amerikanischen Außenminister George Marshall benannt ist. Mit ihm haben die USA nach dem Zweiten Weltkrieg wesentlich dazu beigetragen, das zerstörte Europa wiederaufzubauen. Nach vier Jahren war die Wirtschaft fast aller Länder in Europa auf Wachstumskurs.[91]

Entwicklungsminister Gerd Müller hat diese Idee von Anfang an begleitet. Heute steht sie im Koalitionsvertrag der Großen Koalition. Kaum war die Idee geboren, gab es jedoch Streit. Einige kritisierten die Idee als neokolonialistisch. „Man plane über die Köpfe der Betroffenen hinweg“, war der Vorwurf. Der Vorwurf war unbegründet, denn der Plan hieß ja immer „Ein Marshall-Plan mit Afrika“. Entwicklungsminister Gerd Müller kündigte sogar einen „Zukunftsvertrag Europas mit Afrika“ an.[92]

Andere fordern, die Entwicklungshilfe bekannter Art müsse gestoppt werden. Ihr Vorwurf: Jahrzehntelange Erfahrung habe gezeigt, sie sei ineffektiv. Von 10.000 Dollar Entwicklungshilfe kämen vielleicht 1.000 Dollar dem jeweiligen Projekt zugute. Die Gehälter und Lebenskosten der Experten verbrauchten schon die Hälfte des Budgets. Solange es in vielen Ländern Afrikas „keine stabilen Institutionen gäbe, keine unabhängige

Justiz, keine solide verankerte Verfassung", sondern korrupte Systeme, könne das nicht funktionieren.[93] Was Afrika braucht, muss aus Afrika kommen, meinen sie.[94]

Viele afrikanische und europäische NGOs fordern, dass Europa seine Handelspolitik ändert. Freihandelsverträge zerstörten die afrikanischen Binnenmärkte, weil sie den Wettbewerbsdruck erhöhten.[95] Attac, die globalisierungskritische Organisation, sieht das Problem nicht bei den Zöllen. Das EU-Wirtschafts-Partnerschaftsabkommen bestimmt, dass die meisten afrikanischen Länder, nämlich die 32 ärmsten Länder, alle Produkte, einschließlich landwirtschaftlicher Produkte, außer Waffen und Munition, wie auch 12 Länder, mit denen die EU solche Abkommen hat, zollfrei und unbegrenzt nach Europa exportieren können. Nur 10 der 54 afrikanischen Länder, davon vor allem die nordafrikanischen Staaten, könnten das nicht. Das Problem sei nicht der Import nach Europa, sondern die europäischen Agrarsubventionen.[96]

Man fordert deshalb Investitionen in Afrika. Viele landwirtschaftliche Flächen seien unerschlossen. Die Erträge seien zu gering. Keine Maschinen, höchstens ein Ochse, keine Bewässerung, zu viele Schädlinge, keine Kühlräume, keine gesicherten Eigentumsrechte am Land sowie die Klimaveränderung, die zu gefährlichen Erosionen und Überbeanspruchungen der Böden führe, seien die Hauptprobleme. 2/3 der Ackerböden der Subsahara seien gefährdet.[97]

Die senegalesische Schriftstellerin Ken Bugul schreibt dagegen: „Nicht mehr die Europäer sind unser Problem; wir sind es selbst".[98] Sie warnt vor einem Zerfall und Identitätsverlust afrikanischer Gesellschaften, der Perspektivlosigkeit der Jugend und der Gefahr entsetzlicher innerafrikanischer Konflikte.

Es gibt nicht die eine Lösung, die alle Probleme beseitigt in diesem großen und vielfältigen Kontinent. Wir wissen auch, dass viele große Chancen in Afrika nicht genutzt werden. In diesem Kontinent mit so vielen jungen Menschen, die keine Zukunft für sich sehen, so vielen Rohstoffen, so viel wunderbarer Natur, so vielen Ideen, so viel gutem Willen ist es notwendig zu helfen.

Wir wissen um den Zusammenhang zwischen mehr Bildung, besseren Berufschancen und einer geringeren Geburtenrate. Wir wissen darum, dass mehr landwirtschaftliche Produktivität und regionale Märkte zu weniger Hunger führen. Wir wissen, dass eine nachhaltige Intensivierung der Landwirtschaft, eine Mischwirtschaft aus Ackerbau und Viehhaltung, den Nährstoffkreislauf schließen kann. Mikrokredite, mehr Bildung für Frauen, ein geringeres Wachstum der Bevölkerung sind notwendig.

Wir wissen aber auch, dass dies alles nur ein Traum bleibt, wenn es nicht gelingt, die demografische Herausforderung zu meistern, vor der die Welt steht. Wenn es nicht gelingt, die Versteppung des Kontinents zu stoppen, die Mutlosigkeit vieler zu beenden, neue Chancen zu eröffnen, stirbt die Hoffnung auf eine gute Zukunft.

VIII. Migration

Die Vereinten Nationen (UN) haben im vergangenen Jahr ihre Bevölkerungsprognose erhöht. Danach wächst die Weltbevölkerung bis 2050 auf 9,8 Mrd. Menschen. Der Hauptgrund für das starke Wachstum liegt in Afrika, wo derzeit rd. 1,25 Mrd. leben. Nach der UN-Prognose werden es 2030, also in 12 Jahren 1,6 Mrd. Menschen sein, im Jahr 2050 2,5 Mrd.[99]

Afrika ist ein junger Kontinent. Um allen Afrikanerinnen und Afrikanern Arbeit zu geben, müsste man nach Schätzungen des Internationalen Währungsfonds (IWF) 20 Mio. neue Jobs pro Jahr schaffen, und das 30 Jahre lang.[100]

Auch im Nahen Osten wird die Bevölkerungszahl um 63 % auf 676 Mio. steigen.[101]

50 % aller Flüchtlinge leben in arabischen Ländern. 75 % der dortigen Menschen bezeichnen die Arbeitslosigkeit und Inflation als ihre größten Probleme. Der traditionelle Mittelstand wird kleiner. Die Jugendarbeitslosigkeit ist doppelt so hoch wie im Weltdurchschnitt. Allein um diese unglaubliche Zahl stabil zu halten, müssten von 2012 bis 2020 mehr als 60 Mio. Arbeitsplätze neu entstehen.

Im Jahr 2015 lebten 143 Mio. Araber in Kriegsgebieten oder unter fremder Besatzung.[102]

Der Gesellschaftsvertrag in den arabischen Ländern steht auf dem Prüfstand, ebenso die Identität der Nationen sowie die politische Ordnung.

Auch in Europa gibt es eine, wenn auch verdeckte Binnenwanderung. Die Bundesregierung zahlt pro Jahr rund 600 Mio. Euro Kindergeld für Kinder, die außerhalb Deutschlands in der Europäischen Union oder im EU-Wirtschaftsraum leben.

In Asien gibt es eine massive Zunahme von Wanderarbeitern. Im ASEAN-Raum gab es im Jahr 2000 4,5 Mio. Migranten. Heute geht man von etwa 15 Mio. aus. Ohne die auf über 10 Mio. geschätzten Arbeitsmigranten, die am Rande der Legalität leben, wäre die Wachstumsrate in der Region erheblich geringer.[103] Neben den Folgen von Krieg und Vertreibung in den Bürger- und Religionskriegen des Nahen Ostens – jede 3. Wohnung, jedes 2. Krankenhaus und jede 2. Schule sind in Syrien zerstört – haben die Folgen des Klimawandels in allen drei Groß-Regionen zu großen Dürreperioden und zu einem Zusammenbruch der Landwirtschaft geführt. Der Bürgerkrieg war insoweit eine Folge des Zusammenbruchs des Entwässerungs- und Bewässerungssystems.[104]

Wirtschaftskrisen und Klimawandel setzen Nordafrika zu. Obwohl die Region schon heute zu den trockensten der Welt gehört, nimmt der Wassermangel zu. In Ägypten gab es schon Verteilungskämpfe, da die Subventionen für Brot gestrichen werden sollten. In Ägypten leben 5 Mio. Flüchtlinge aus Syrien, dem Sudan und Äthiopien, die auf die Überfahrt nach Europa warten.[105]

Wenn sich die Erde um 3 Grad Celsius erwärmt, werden sich die Dürrezonen auch in Europa verdoppeln. Bei einem solchen Anstieg der Temperaturen würden in Südspanien und wohl auch in Italien und Griechenland Wüsten entstehen, wie Wissenschaftler errechnet haben.[106]

Indiens 400 Flüsse schaffen es nicht mehr, die Bevölkerung mit Wasser zu versorgen. Die Wasserumlage der Ströme ist um 40–60 % kleiner geworden. Der Grundwasserspiegel sinkt dramatisch.[107]

Viele Flüsse und Ströme unserer Welt sind zu „giftigen Abwasserbrühen“ verkommen.[108]

Auch Deutschlands Gewässer sind in keinem guten Zustand. Viele der deutschen Flussgewässer sind massiv belastet, ja ganz oder teilweise tot. In vielen Gewässern werden erhebliche Medikamente- oder Plastikrückstände gefunden. Immer mehr Flächen werden durch Bebauung versiegelt oder verdichtet, so dass das Regenwasser nicht mehr versickert. Teilweise entstehen kilometerlange Pfützen.[109]

Der Mensch zerstört seine Lebensgrundlagen. Die Staaten dieser Welt sind nicht bereit, das Notwendige zu tun, um zukünftigen Generationen ein gesundes Leben zu ermöglichen. Der Rückzug der USA aus dem „Pariser Abkommen“ ist das schlechteste Beispiel. Aber auch die Staaten Europas sind keine Vorbilder.

Obwohl viele Länder Afrikas über reiche Rohstoffvorkommen verfügen, wächst dort die Armut. Die Entwicklungshilfe hat Krankenstationen auch in kleinen Dörfern gebaut, saubere Brunnen gegraben, Schulen eingerichtet. Das ist ein Erfolg, der durch 20 Dollar pro Kopf und Jahr als Beitrag der entwickelten Länder erreicht wurde. Viel zu selten wurden aber staatliche und wirtschaftliche Strukturen geändert. Manchmal gibt es Hoffnungszeichen, wie aktuell den überraschenden Friedensschluss zwischen Äthiopien und Eritrea.

Zu oft gibt es aber Widerstand gegen den Wandel. Die alten Eliten wollen nicht weichen. Die Bürokratien verteidigen ihre kleine Macht. Korrupte Amtsinhaber verteidigen ihre kriminellen Einnahmen. Die Warlords entfesseln Kriege um Rohstoffe.

Die internationalen Banken wollen ihr Geld zurück.[110] Die Europäer wollen helfen, was aber nicht immer gelingt. Die chinesische Regierung investiert, egal wer das Land regiert. Sie wollen größeren Einfluss im Kampf um die Macht in der Welt. Jetzt beginnt Afrika seinen Grund und Boden zu verkaufen. Madagaskar hat schon die Hälfte seines Landes an Ausländer verkauft.[111]

Angesichts solcher Hoffnungslosigkeit legen Familien ihr gespartes Geld zusammen und schicken einen Sohn auf den langen und gefährlichen Weg nach Europa. Oder sie leihen sich das Geld, um die Schleuser, Schlepper, Polizisten, Grenzer zu bezahlen. Sie sollen Geld zurück nach Hause schicken, damit die Familie dort überleben kann.[112] Ineffizientes Wirtschaften lebt von „Gastarbeiter-Überweisungen und internationalen Hilfen",[113] überall auf der Welt, nicht nur in Afrika, sondern auch in Europa.

Alle diese Fakten zeigen: Es gibt vier Gründe, warum Menschen aus ihrer Heimat fliehen: „„Krieg, Armut, Diktatur, Chancenlosigkeit".[114]

Das Thema Migration wird – wie wir gesehen haben – eine zentrale Herausforderung im 21. Jahrhundert sein. Dies gilt besonders für das Vereinte Europa, das für viele Menschen, vor allem in der unmittelbaren Nachbarschaft, ein Ort ihrer Sehnsucht ist, um menschenwürdig leben zu können.

Es ist nicht möglich, in dieser Studie alle Aspekte dieses Themas zu behandeln. Wenn aber Europa eine humane Antwort auf diese Herausforderungen geben will, müssen die Grundlagen seiner Migrationspolitik klarer benannt werden. Zu viele Unklarheiten haben dazu beigetragen, dass ein Riss durch die europäischen Gesellschaften geht. Nicht wenige treten dafür ein, jedem Menschen in Not in Europa zu helfen. Andere lehnen Zuwanderung grundsätzlich ab. Beide Positionen werden von radikalen Parteien von rechts und links in allen Ländern Europas vertreten. Mit populistischen Positionen und Worten spalten sie die Europäische Union und ihre Mitgliedstaaten.

Die Europäische Union ist der einzige supranationale Staat, der heute schon aus humanitären Gründen, allerdings auch aus eigenem Interesse, seinen Nachbarn mit einem großen Programm hilft, demokratische Institutionen, einen Rechtsstaat, Gewaltenteilung, eine soziale Marktwirtschaft und eine freiheitliche Gesellschaft aufzubauen.

Es wird jedoch nicht möglich sein, allen Nachbarstaaten im Osten Europas, auf dem Balkan und im Mittelmeerraum eine Mitgliedschaft in der Europäischen Union anzubieten. Die EU muss deshalb durch eine Verbindung einer privilegierten Partnerschaft, die nicht zur Vollmitgliedschaft führt, und einer aktiven Hilfe durch ein verändertes Nachbarschaftsprogramm Perspektiven für ein Leben in Freiheit, Frieden, Recht und Wohlstand bieten. Die Resilienzinitiative (Economic Resilience Initiative – ERI) der Europäischen Investitionsbank ist ein sehr gutes Projekt zur Verbesserung der Lebensbedingungen in der südlichen Volkswirtschaft und im Westbalkan.[115]

Die Europäische Union wird – wie beschlossen worden ist – ihre Außengrenzen gemeinsam besser schützen (PESCO – Permanent Structured Cooperation). Da es sich dabei nicht nur um einen Schutz vor ungeregelter Migration, sondern auch eine Verteidigung nach Art. 42 Abs. 7 der Europäischen Verfassung vor militärischen Angriffen und asymmetrischen Überfällen und Kriegen, aber auch gleichzeitig um Hilfe bei der Befriedung in Bürgerkriegen, in zerfallenden Staaten sowie internationale Einsätze im Rahmen von NATO und UN handelt, reichen die bisherigen Beschlüsse des Europäischen Rates, nur wenige Grenzschutzeinheiten aufzubauen, nicht aus. Nach Auffassung der EU-Innenminister können selbst diese kleinen Fortschritte nicht in absehbarer Zeit verwirklicht werden. Die Innenminister der europäischen Mitgliedstaaten haben versagt. Die Salvinis dieser Welt polemisieren zu Hause gegen die Migration und versagen in Brüssel beim Schutz der EU-Außengrenzen. Nur ein verteidigungsfähiges Vereintes Europa wird sich in einer neuen multipolaren Weltordnung unter den anderen Großmächten behaupten können. Deutschland und Frankreich tragen dabei besondere Verantwortung.

Die Migration in die Europäische Union spielt in diesem Zusammenhang eine zentrale Rolle. Der Westen sorgt sich um die Integration von immer mehr Flüchtlingen. Die Mitteleuropäer sorgen sich darum, dass immer mehr junge Leute in den Westen abwandern. „Während der Westen um Diversität ringt, ringt der Osten mit der Entvölkerung.“[116] In vielen Ländern in Afrika, besonders in Nordafrika, im Nahen Osten und im Osten Europas können sich nur dann stabile Demokratien entwickeln und Chancen für die Menschen dort entstehen, wenn sie Hilfe von außen, ggf. auch militärische Hilfe, anfordern können.

Eine Zusammenarbeit mit den Nachbarländern bei der Schaffung von klaren Regeln für Migrationen erfordert von der Europäischen Union und ihren Mitgliedstaaten eine aktive Mitarbeit. Eine Totalverweigerung ist weder akzeptabel noch zielführend. Solidarität ist keine Einbahnstraße.

Deutschland hat nach den schlimmen Erfahrungen während der Nazi-Barbarei, als viele Verfolgte nirgendwo auf der Welt Hilfe und einen Zufluchtsort finden konnten, mit Art. 16 a des Grundgesetzes ein großes humanitäres Zeichen gesetzt.

Da es aber bisher in Deutschland und Europa kein klares Zuwanderungsgesetz gibt, wird das Asylrecht zu oft als letzte Chance verstanden, eine Einreise zu erzwingen. Das Recht auf Asyl ist aber kein Recht auf dauernden Aufenthalt. Falls die Gründe für Asyl wegfallen, müssen die Asylbewerber in ihre Heimat zurückkehren. Das gilt beim Ende eines Bürgerkrieges ebenso wie beim Sturz eines Diktators oder beim Vorliegen eines sicheren Herkunftslandes. So ist die Rechtslage. Da das Asylrecht wegen des vom Bundesverfassungsgericht geforderten rechtsstaatlichen Verfahrens zu langen Aufenthaltszeiten führt, sollte der Bundestag gesetzliche Regeln für solche Verfahren beschließen.

Die Große Koalition will darüber hinaus ein Zuwanderungsgesetz für angeworbene Facharbeiter beschließen. Auch hier sind klare Regeln erforderlich. Was geschieht, wenn der Zuwanderer arbeitslos wird? Welche Ansprüche an das soziale Sicherungssystem für erfolgte Einzahlungen während der Arbeitszeit können erwartet werden? Wann dürfen Familien nachziehen, um Integration zu ermöglichen? Wann wird die deutsche Staatsbürgerschaft verliehen? Bei Beginn des Aufenthalts oder erst am Ende eines längeren Aufenthalts, der die Integration des Angeworbenen beweist? Und sehr umstritten: Welche staatlichen Sozialleistungen werden für Zuwanderer gezahlt?

Bevor eine Anwerbung von Facharbeitern erfolgt, sollte alles getan werden, den vielen jungen Arbeitslosen in der Europäischen Union eine Chance zur Ausbildung und Arbeit in Deutschland zu geben. Hier hat die deutsche Wirtschaft trotz großer Versprechen in den letzten Jahren zu wenig getan.

IX. Integration

Um ein friedliches Miteinander in den europäischen Gesellschaften sicherzustellen, müssen nach den schlechten Erfahrungen der letzten Jahrzehnte bessere Integrationsbedingungen geschaffen werden.

Vor jeder Entscheidung über eine Einreise müssen verbindliche Regelungen über die Anerkennung der Bürger- und Menschenrechte in Deutschland und Europa gemäß den Europäischen Verfassungsverträgen und den staatlichen Verfassungen, die Anerkennung des Rechtsstaates und der kulturellen und gesellschaftlichen Normen erfolgen. Die hiesigen Gesellschaftsstrukturen, staatlichen Rechtssysteme, die Menschen- und Bürgerrechte, die Rechte der Frauen und Kinder müssen von denjenigen, die zu uns kommen, akzeptiert werden. Staatliches Recht gilt in Europa vor religiösen Vorschriften. Parallelgesellschaften spalten das Land und sind nicht akzeptabel.

Erst seit der Jahrtausendwende ist das Thema Integration zu einem zentralen Diskussionspunkt deutscher und europäischer Politik geworden. Leider wurde die Frage, wie Zuwanderer sich möglichst schnell in die Gesellschaft integrieren können, zu oft politisch, moralisch oder ideologisch aufgeladen. Die Debatten über die „Leitkultur“ und über Parallelgesellschaften, die bedingungslose Verleihung des Staatsangehörigkeitsrechtes oder Identitätsfragen („Der Islam gehört zu Deutschland“ oder „Die Muslime gehören zu Deutschland“) standen häufig im Mittelpunkt. Integration lässt aber keine Spaltung zu, schon gar nicht, wenn sie geprägt ist von Fremdenfeindlichkeit, Rassismus oder Rechts- und Linksradikalismus. Aus Erfahrungen in den anderen Mitgliedsländern der Europäischen Union hätte man lernen können.

In Frankreich begann die Debatte nach den „islamischen Terroranschlägen" und den „Jungle Camps" in Calais, in denen Flüchtlinge auf die Überfahrt nach Großbritannien warteten.[117] Das Thema der Parallelgesellschaften in den Vorstädten der französischen Metropolen wird immer wieder von dem fremdenfeindlichen „Front National" politisiert und instrumentalisiert.[118]

Der Brexit in Großbritannien wurde nur mehrheitsfähig, weil europafeindliche Parteien die Niederlassungsfreiheit von Arbeitnehmern in der EU instrumentalisierten. Dabei ging es in der Debatte hauptsächlich um rd. 850.000 polnische Arbeitnehmer. Der tragende Kampagnenslogan der Brexit-Befürworter, „Take back control", meinte auch die Binnenmigration in der Europäischen Union.[119] In Frankreich ist das Verhältnis zum Islam sehr schwierig. Das lässt sich auf die französische Kolonialgeschichte und das Laizismusgebot zurückführen.[120] Der manifeste Antisemitismus hat zu einer großen Auswandererwelle der jüdischen Franzosen geführt.

In Italien hat es eine Debatte gegeben, als durch einen Verkehrsunfall vier illegale Arbeiter in Apulien ums Leben kamen. Es waren „Irregolari", afrikanische Arbeiter ohne Papiere, die Anlass für fremdenfeindliche Debatten wurden. Die Lega unter ihrem Innensenator Salvini versuchte, das Problem der EU zuzuschieben, obwohl die italienische Landwirtschaft seit vielen Jahren von den Hungerlöhnen profitiert.[121] Auch in Spanien kommen inzwischen mehr Flüchtlinge an. Dennoch gibt es ein hartes Grenzregime. Dies ist einer engen Zusammenarbeit mit dem Nachbarn Marokko auf der anderen Seite der Straße von Gibraltar und der spanischen Exklave Ceuta auf dem nordafrikanischen Festland zu verdanken.[122] Auch hier ist die Frage der Zuwanderung durch den Regierungswechsel im Jahre 2018 zu einer hochpolitischen, moralischen Frage geworden. Wie die jahrzehntelange öffentliche Debatte in Deutschland und Europa zeigt, ist die Integration ein komplexer Prozess. Er ist nicht überall in Europa und auch nicht in allen Teilen Deutschlands gelungen. Dennoch: Seit dem 2. Weltkrieg sind rund 31 Mio. Menschen nach Deutschland gekommen.[123] Die meisten von ihnen haben hier eine neue Heimat gefunden.

„Heimat ist nie ein Begriff, der zur Ausgrenzung taugt", schreibt Georg Mascolo.[124] Vielleicht hat es damit zu tun, dass die Grenzen Deutschlands sich in den letzten 250 Jahren immer wieder verschoben haben. Grenzen werden aber, so meint der Historiker Franz Wolf[125], nach aller Erfahrung „hochgradig ineffizient", wenn sie der „Bevölkerungskontrolle" dienen sollen, also in dem Moment, in dem ihnen eine Funktion jenseits der Verwaltungsapparate zugewiesen wird. Er fügt hinzu: „Grenzen sind so gesehen dafür da, überwunden zu werden … Der diskursive Wandel von der Hoffnung auf Kontrolle durch Grenzen verspricht Unerfüllbares und gefährdet dabei letztlich das, was das Grenzregime zu schützen vorgibt."

Deshalb tut sich die Politik auch so schwer, einerseits eine offene Gesellschaft und die soziale Marktwirtschaft zu loben und gleichzeitig die Wahrung des Bestehenden und den Schutz der Grenzen zu versprechen, weil sie andererseits weiß, dass sie dieses Versprechen nicht erfüllen kann. Die Bevölkerung versteht das intuitiv. Sie will deshalb klare Regeln, die dann auch eingehalten werden.

Fast schon ein halbes Jahrhundert wird in Deutschland über das Thema „Migration" diskutiert. Statt einen klaren, möglichst parteiübergreifenden Kurs zu verfolgen und durchzuhalten, haben Parteien und Politiker immer wieder geglaubt, das Thema eigne sich für politische Polarisierungen. Oft standen sich Fragen wie das Thema „doppelte Staatsbürgerschaft" und das Thema „Integration" gegenüber. Wer aber, wie schon in den 60er Jahren des letzten Jahrhunderts, „Gastarbeiter" anwirbt, später dann Anwerbestopps verhängt, Integration fordert, ohne vorhandene Konzepte konsequent umzusetzen, muss sich nicht wundern, dass immer wieder an den Rändern des politischen Spektrums Radikalisierungen erfolgen. Gerade die aktuellen Debatten, in denen das Ende des Zuzuges von Flüchtlingen und der „Willkommenskultur" sowie gleichzeitig ein Zuwanderungsgesetz gefordert wird, um den „Fachkräftemangel" abzubauen, entlarvt die fehlende Konsequenz der deutschen und europäischen Migrationspolitik.

Wenn nicht mehr Geld in die deutsche Sprachförderung für Ausländer und die personelle und finanzielle Verbesserung von Schulen mit hohem Ausländeranteil fließt, wird es schwierig werden. Es gilt, die Einstellung von Menschen mit einer Zuwanderungsgeschichte als Arbeitnehmerinnen und Arbeitnehmer als Teil der Integration zu verstehen, die Einführung eines Islamunterrichts unter staatlicher Aufsicht durchzusetzen und die Beherrschung der deutschen Sprache vor Verleihung der Staatsbürgerschaft zu verlangen. Die Bereitschaft der Zuwanderer, die europäischen Menschen- und Bürgerrechte anzuerkennen, muss Wirklichkeit werden, sonst wird es keinen sozialen Frieden geben.[126]

X. Cyber-Demokratie

Die Digitalisierung verändert auch die Grundfeste des politischen Systems. Beispielhaft hierfür ist die politische Kommunikation. Parteien und politische Akteure müssen sich den neuen Logiken anpassen. Bisherige Konfliktlinien zwischen den Parteien verschwimmen. Traditionelle Weltbilder geraten ins Wanken. Weiter noch: Der Philosophieprofessor Paolo Becchi geht sogar davon aus, dass Weltbilder und damit auch politische Ideologien durch das Internet erodieren, bis sie verschwunden sind.[127] Während beim Medium Fernsehen die Realität noch gespiegelt worden sei, wird das Internet eine eigene Welt abbilden. In dieser Realität zähle für den Bürger mit Blick auf die Politik nicht die Verortung von „links“ oder „rechts“, sondern vielmehr die Orientierung danach, ob es sich um eine effiziente staatliche Verwaltung handele oder nicht. Gekoppelt wird die digitale Realität nach Becchi mit der analogen Realität. Beispiele hierfür sind die „Occupy“-Bewegung, der „Arabische Frühling“ und andere Massenproteste.[128] Hier treffen sich politische Meinungen nicht nur jenseits von politischen Parteien, sondern auch ohne Bezugnahme auf deren Kernpositionen. Die Massen- und Protestbewegungen misstrauen zugleich den alten Medien aus den Bereichen Print, Fernsehen und Hörfunk. Paradoxerweise sind es jedoch die Parteien selbst, die den vormaligen Orten des politischen Diskurses, also den Parlamenten, ihre Bedeutung teilweise entzogen haben. Denn ihre Vertreter folgen zu oft den Mustern der alten Medien und suchen die Auseinandersetzung mit dem politischen Gegner lieber in Talkshows als im Plenum der Parlamente.

Im Internet dagegen werden scheinbar direkte Zugänge zu politischen Entscheidungen ermöglicht. Hier kann jeder seine Meinung sagen. Zumindest muss hier nicht bis zur nächsten Wahl gewartet werden, bis Diskurse geführt werden und Gehör erlangen. Die online gelebte Demokratie ist eine erheblich direktere Form der demokratischen Partizipation. In sozialen Netzwerken und Portalen erstellen Nutzer selbst Inhalte und senden diese. Gleichzeitig wählen die Empfänger selektiv die für sie interessanten Inhalte und Botschaften aus. Das fördert wiederum eine Oberflächlichkeit der Debatte, die eine gründliche Analyse oder eine durchdachte Fragestellung zu komplexen Sachverhalten kaum ermöglicht. Gewissheiten werden in Frage gestellt, was mit einer intensivierten Identitätssuche einhergeht. Schließlich vermischt sich auch hier wieder die analoge mit der digitalen Realität, da beide miteinander vernetzt sind und alte mit neuen Medien verschmelzen, sodass die Demokratie hybride Formen annimmt.[129] Partizipation verändert sich: es braucht weder Orte noch Grenzen. Die Geschwindigkeit der Kommunikation nimmt rapide zu und die Interaktivität wird gesteigert.[130] Dies beinhaltet auch neue Chancen für die Belebung der Demokratie. Nicht zuletzt sorgt der freie Zugang zu Informationen und Meinungen, der durch Plattformen wie Wikipedia stetig gesteigert wird, für eine Teil-Transparenz. Transparenz ist Voraussetzung für einen freien und auch öffentlichen Austausch von Tatsachen und Meinungen, ein Kennzeichen und eine Bedingung liberaler Demokratie. Es entsteht aber auch die Möglichkeit einer traditionellen Asymmetrie, bei der sich das „schwache Individuum“ dem „starken Staat“ gegenübersieht. Eine solche Verwirrung führt zu Politikverdrossenheit. Auf der anderen Seite bergen „digitale Sorglosigkeit, Unwissenheit oder Handlungsunfähigkeit individueller Nutzer“[131] erhebliche Risiken. Diese können zu Desinformation, Anfälligkeit für Manipulation oder Populismus und letztlich auch zu Sicherheitsproblemen für systemrelevante Infrastrukturen führen. Die Möglichkeiten zur Manipulation sind vielfältig. Sie beginnen mit der algorithmenbasierten Informationssammlung über Einzelpersonen und setzen sich fort in der Verwendung von Social Bots, die ihrerseits durch Algorithmen gezielt Informationen streuen, bis hin zu „Fake News“, also der bewusst konstruierten oder gefälschten Meldung, die zielgruppenorientiert platziert wird, mit der Absicht, die Meinungsbildung aktiv zu beeinflussen. Hier muss politisch und gesellschaftlich das entsprechende Bewusstsein geschaffen werden und bestehende Regelungslücken müssen geschlossen werden. Auch Datenmonopole müssen aufgelöst werden. Autoritäre Regierungen können sich, wie das Beispiel Google in China zeigt, abschotten. Wer für ein offenes, aber inklusives Internet ist, muss für klare Regeln eintreten.[132]

Ein Beispiel, das zugleich mehrere Risiken offenbart, ist der Skandal um Datenmissbrauch beim Social-Media-Netzwerk Facebook. Hier sollen großflächig Nutzerdaten von einem Dienstleister abgeschöpft worden sein. Diese wurden verwendet, um daraus Persönlichkeitsprofile erstellen zu können, die wiederum im US-Wahlkampf 2017 nutzbar gemacht wurden. Die Beeinflussung der Wähler vollzog sich dabei wie im Fall von kommerzieller Werbung, allerdings deutlich subtiler. Auch in der Europäischen Union gab es „Polit-Hacks“, um auf Entscheidungen des Europäischen Parlaments Einfluss zu nehmen. „Eine ‚Governance by Shitstorm‘ kann nicht im Interesse demokratisch gewählter Regierungen und schon gar nicht ihrer Wähler sein.“ Die EU muss ihre demokratischen Infrastrukturen vor solchen anonymen Lobby-Aktionen schützen.[133]

Hierbei wurden zwei weitere Aspekte sichtbar. Erstens offenbarte sich einmal mehr, dass im demokratischen Prozess mit globalen Internetunternehmen wie Facebook neue politische Akteure hinzukommen. Ihnen zu begegnen, erfordert neue staatliche Akteure in Form von nationalen und internationalen Standardisierungsgremien. So wiegt der Datendiebstahl im Beispielsfall auch deswegen besonders schwer, weil in den USA bei politischer Werbung in sozialen Netzwerken – im Gegensatz zur Werbung in Hörfunk und Fernsehen – kein Auftraggeber genannt werden muss. Es zeigte sich zweitens, dass sich diese Gesetzeslücke ausländische – mutmaßlich russische – Auftraggeber zu Nutze machen konnten, um die Wahl zu ihren Gunsten zu beeinflussen.

Die neuen Möglichkeiten erschöpfen sich jedoch keineswegs allein in Informations- und Desinformationskampagnen. Vielmehr droht staatlichen Strukturen und besonders jenen von Demokratien eine Destabilisierung, weil diese wegen der Offenheit ihrer Gesellschaften leichter angreifbar sind als totalitäre Systeme. Denkbar sind auch kriegerische Auseinandersetzungen im Cyber- und Informationsraum. Hier wird nicht ohne Grund von „Cyberwar" gesprochen. Auf diesen bereitet sich Deutschland militärisch mit einem neu eingerichteten Kommando der Bundeswehr vor. Zivile Einrichtungen, um Kriminalität und Spionage zu begegnen, ergänzen das Spektrum staatlicher Reaktionen auf die neue Bedrohung. Diese sind allgegenwärtig und vielfältig. Instrumente zur schlagkräftigen Attacke gegen ein anderes Land oder staatliche Einrichtungen sind Viren-Angriffe oder System-Blockaden, die in einer fast unendlichen Zahl von Ausprägungen oder Kombinationen eingesetzt werden können. Ein Beispiel für einen Angriff durch einen Computervirus ist „Stuxnet". So hieß der Virus, der vermutlich gegen den Iran und dessen Atomprogramm eingesetzt wurde. Er infizierte dort Computersysteme zur Steuerung von Industrieanlagen. Ähnliche Angriffe sind auch auf andere kritische Infrastrukturen möglich. Gleiches gilt für System-Blockaden, bei denen Internetseiten oder Dienstleistungen durch organisierten Massenzugriff oder durch Hacker derartig beansprucht werden, dass die Systeme zusammenbrechen. Die Herkunft und Urheberschaft sind oft ungeklärt; es bleiben allein Vermutungen. Auch die schwierige Zuordnung solcher Attacken stellt den angegriffenen Staat und zugleich das gesamte Völkerrecht vor immense Herausforderungen.[134] Zwar sind sich die Vereinten Nationen darin einig, dass das Recht zur individuellen oder kollektiven Selbstverteidigung auch im Cyberspace existiert.[135] Wann jedoch die Schwelle zu einem Angriff überschritten ist, bleibt offen. Gleiches gilt für die Frage, was eine angemessene Verteidigung darstellt und wie unter diesen Gegebenheiten das humanitäre Völkerrecht auszulegen ist. Eine Kombination aus konventionellen Waffen und Instrumenten des Cyberwars ist nicht unwahrscheinlich. Und auch bei den kinetischen Waffen und herkömmlichen Systemen schreitet die Digitalisierung voran. Waffensysteme, die vollautomatisch arbeiten und durch künstliche Intelligenz gesteuert werden, sind keine Zukunftsmusik, sondern sehr nahe Realität.[136]

XI. Zusammenfassung/Summary

Für viele Menschen ging ein Traum in Erfüllung, als durch die „Große Freiheitsrevolution 1989/90“ nicht nur Deutschland wiedervereinigt wurde, sondern auch Europa. Mehr noch: Die Weltordnung des Kalten Krieges ging zu Ende. Die Hoffnung auf ein besseres Leben ohne Krieg, Hunger und Armut wurde für Millionen Menschen in aller Welt Realität.

Aber der Krieg kam zurück. In Europa brachen alte Konflikte auf dem Balkan wieder auf. Russland marschierte auf der Krim ein und annektierte die Halbinsel. In der Ost-Ukraine begann ein von Russland unterstützter asymmetrischer Krieg. Im Nahen Osten führte eine Vielzahl von Bürger- und Religionskriegen zu unfassbarem Elend und Millionen Flüchtlingen. Viele Tausend Menschen wurden wegen ihres Glaubens verfolgt, gefoltert, gar gekreuzigt.

China begann systematisch, seine Macht und seinen Einfluss weltweit auszudehnen (China 2025, Neue Seidenstraße). Mit Großinvestitionen besonders in Afrika und Lateinamerika, aber auch in Europa verband die Volksrepublik die Forderung nach politischer Unterstützung in internationalen Organisationen.

Demokratische und marktwirtschaftliche Fortschritte wurden zu Gunsten der Diktatur der kommunistischen Partei Chinas zurückgefahren.

In Indien setzte sich eine nationalistische Partei in Wahlen durch. An vielen Stellen auf der Welt übernahmen Populisten die Macht. Selbst in den USA wurde ein Populist zum Präsidenten gewählt.

Auch in Europa versuchten populistische Parteien, die Macht zu übernehmen. In Frankreich, den Niederlanden, Spanien, Italien, Skandinavien, Österreich, Polen, Ungarn und Deutschland feierten sie bei Wahlen Erfolge. Häufig sind ökonomische Gründe die Ursachen für Wählerzuspruch. Sie sind oft „postrevolutionäre Folgekonflikte".

Durch die „Große Freiheitsrevolution 1989/90" wurden nicht nur alle politischen Systeme in den neuen Mitgliedsstaaten der EU durch demokratische Systeme ersetzt. Auch die ökonomischen Grundlagen wurden umgestülpt. Die Staatswirtschaften wurden durch Marktwirtschaften abgelöst. Da die Wirtschaftssysteme oft exklusiv waren, führten in der Wendezeit hyperkapitalistische Verirrungen zu ökonomischen Krisen (Immobilienkrise, Staatsschuldenkrise, Eurokrise, Brexit). Sie wurden von den Populisten wahlweise als Folge der Globalisierung oder der Europäischen Einigung dargestellt. Linkspopulisten beschwören dabei die Verluste, unter denen die Menschen als Folge der Globalisierung bei der industriellen Produktion, globalem Handel, globaler Kommunikation und globalen Finanzmärkten angeblich leiden. Sie warnen vor wachsender Arbeitslosigkeit, der Spaltung der Gesellschaft, der Herrschaft des Großkapitals und der Großbanken.

Rechtspopulisten behaupten demgegenüber den Verlust kultureller Identität als Folge von unkontrollierter Zuwanderung, von Massenarbeitslosigkeit als Folge von billigen ausländischen Arbeitskräften und die Auslagerung von Arbeitsplätzen ins

Ausland durch multinationale Unternehmen im Rahmen weltweiter Wertschöpfungsketten.

Rechtspopulisten beklagen darüber hinaus den Verlust von nationaler Souveränität, vor allem in Europa, und die damit verbundene Auszehrung der kulturellen Identität.

Für Links- und Rechtspopulisten sind die Eliten die Verantwortlichen für Fehlentwicklungen, „Die da oben", das „Establishment". Sie vertreten nicht mehr das Volk, so sagen sie, sondern nur ihre eigenen Interessen. Deshalb müssten sie entmachtet werden, nicht nur im Staat, sondern auch in den staatlichen und gesellschaftlichen Institutionen. Auch in der Ökonomie müssten die Handelnden durch neue Regulierungen oder Enteignungen abgelöst werden. Die zivilgesellschaftlichen Institutionen müssten sich der Macht des Volkes unterwerfen. Deshalb ist die „Lügenpresse" ein Feind. Die NGOs („Non-Governmental Organisation") sind Agenturen fremder Mächte. Die europäische Administration müsse ebenfalls entmachtet werden, weil sie ein Staat im Staat sei. Jeder, der anderer Meinung ist, und sich ihnen nicht unterwirft, ist für sie ein „Volksfeind". „Andersdenkende, Illoyale und Nichtdazugehörende" werden disqualifiziert.[137] Der „illegitim-elitäre Staat im Staat" soll nach ihrer Auffassung durch einen „neuen, jetzt aber volkseigenen Staat im Staat" ersetzt werden.[138]

Jede andere politische Meinung wird diskreditiert, weil nur die politische Mehrheit das Volk repräsentiert. Nur die Regierung ist der Repräsentant des Volkes. Diese Auffassung ist verfassungsfeindlich und undemokratisch. Deshalb sind illiberale Regime so gefährlich.

Gerade in Europa hat man mit der Gründung der Europäischen Gemeinschaft und der Schaffung der Europäischen Union die neuen Herausforderungen aus der Globalisierung von Produktion, Handel, Dienstleistungen und Finanzökonomie dadurch gelöst, dass die staatliche Souveränität zwischen Europa und den Mitgliedstaaten geteilt wurde. In ähnlicher Weise wurde auf die Herausforderungen beim Friedenserhalt, der Sicherung der sozialen Gerechtigkeit sowie der Umsetzung der Digitalisierung und dem Aufbau der Wissensgesellschaft reagiert. Daraus entstand eine Mehrebenendemokratie.

Die Europäische Union ist heute schon ein Staat, der sich seine Souveränität mit den Mitgliedstaaten teilt. Die Europäische Union ist aber noch nicht das „Vereinte Europa", das im Grundgesetz der Bundesrepublik Deutschland, aber auch in den Europäischen Verfassungsverträgen als Ziel aller Politik bestimmt ist.

Das Vereinte Europa wird auch anders sein als die jetzige EU. Aber sie kann nur eine Demokratie, ein Rechtsstaat mit Gewaltenteilung, ein Staat mit einer sozialen Marktwirtschaft und einer offenen Zivilgesellschaft sein. Das verlangen das Grundgesetz und die Europäischen Verträge.

Europa war früher einmal groß und mächtig. Noch Mitte des letzten Jahrhunderts stellten die Europäer 21,5 % der Weltbevölkerung. Mitte dieses Jahrhunderts werden es nur noch 7,6 % sein.[139]

Wer aber für ein Europa des Friedens, der Freiheit und der Einheit in Vielfalt eintritt, muss deshalb für die Vollendung des Vereinten Europas eintreten.

Als die Europäische Einheit begann, war sie etwas revolutionär Neues. Die Feinde von zwei Weltkriegen reichten sich die Hände. Nie wieder sollte sich so etwas wieder ereignen. 60 bis

80 Millionen Menschen starben im 2. Weltkrieg, rd. 17 Millionen im 1. Weltkrieg. Nie wieder sollte sich ein Massenmord wie der am jüdischen Volk wiederholen, bei dem 6 Millionen Menschen im Holocaust ermordet wurden.

Heute sagen manche, dass dieses wirkmächtige Friedensnarrativ zur Begründung der Europäischen Union nicht mehr ausreiche, eine unverständliche Haltung – unhistorisch und unmenschlich. Der Frieden in Europa und der Einsatz für Frieden in der Welt muss eine Hauptaufgabe des Vereinten Europa auch in Zukunft bleiben. Frieden erfordert Freiheit, denn Freiheit macht Sicherheit erst möglich.[140]

Aber der Einsatz für den Frieden ist nur glaubwürdig und wird nur dann erfolgreich sein, wenn Europa eine „gemeinsame Außen- und Verteidigungspolitik" hat. Europas Grundhaltung ist dabei eine Politik des „Multilateralismus statt Nationalismus".

Das zweite große Ziel europäischer Politik ist „mehr Demokratie und Rechtsstaat in Europa". Der Gründungskanzler der Bundesrepublik Deutschland, Konrad Adenauer, hat einmal gesagt: „Demokratie muss man leben".[141] Demokratie ist nicht selbstverständlich. Sie kann untergehen, ausgehöhlt werden, mit demokratischen Verfahren abgeschafft werden, von einer ängstlichen oder aufgehetzten Wählerschaft abgewählt werden.

Demokratie braucht die Beteiligung der Bürger (Partizipation). Sie gründet auf ihren Werten. Notwendig sind eine demokratische Öffentlichkeit und zivilgesellschaftliche Institutionen, damit die Bürger sich an den demokratischen Entscheidungen beteiligen können.[142] Die Legitimität von politischen Parteien und gesellschaftlichen Institutionen wird ausgehöhlt, wenn die Interessen, Hoffnungen und Sehnsüchte der Menschen nicht mehr politisch wahr- und aufgenommen, zusammengebunden und repräsentiert werden.

Der Europäische Rat kann deshalb nicht gleichzeitig Gesetzgeber und Regierung sein. Das Europäische Parlament, das seine Legitimität vom europäischen Volk unmittelbar ableitet, muss sich jetzt alle Rechte erkämpfen, die jedem demokratischen Parlament zustehen. Der Europäische Gerichtshof muss auch für intergouvernementales Recht zuständig sein. In einem Rechtsstaat darf es keine rechtsfreien Räume geben.[143]

Das dritte Zukunftsziel ist eine gemeinsame Wirtschafts- und Währungspolitik. Ein Binnenmarkt braucht eine in sich schlüssige Wirtschaftspolitik. Ein Wirtschaftsraum, der eine mit dem Euro gemeinsame Währung hat, braucht klare Regeln. Ein Europa, das auch wirtschaftlich zusammenwächst, braucht ein inklusives Wirtschaftswachstum, also ein Wachstum des Bruttoinlandsprodukts, das gleichzeitig die sozialen Belange der ganzen Bevölkerung berücksichtigt und zudem nachhaltig ist. Nicht nur der Staat, auch die soziale Marktwirtschaft lebt von Werten, die der Markt nicht schaffen kann. Eine Marktwirtschaft funktioniert nur auf Dauer, wenn es gerecht und inklusiv zugeht. „Werden die Vorteile der Globalisierung nicht gerechter verteilt“, werden die Staaten versuchen, „sich gegenseitig von internationalem Wettbewerb auszupressen“. Deshalb darf es auch keine nationalen Sonderwege geben, wie es gerade Deutschland etwa bei der Energiewende vorführt.[144] Wer gegen Europa und gegen die soziale Marktwirtschaft ist, verurteilt viele seiner Bürger zu einem Leben in Armut und Chancenlosigkeit. Wer gegen die Digitalisierung ist, zerstört Arbeitsplätze, weil der Mittelstand mangels Produktivitätswachstum Arbeitsplätze abbauen muss.[145]

Das vierte Ziel auf dem Weg zum Vereinten Europa ist der Erhalt der Europäischen Kultur. Europa ist bunt. Es hat eine lange Geschichte und ein großes kulturelles Erbe. Europas Ziel ist eine Einheit in Vielfalt.

Daraus folgt das fünfte Ziel: Europa ist verunsichert, „weil es ihm nicht gelingt oder weil es nicht versucht, seine Identität genauer zu definieren“.[146]

Überall in Europa und besonders in Deutschland wird über die europäische und deutsche Identität diskutiert. „Was ist Heimat?“, heißt eine Frage, mit der man den Mühen politischer Entscheidungen ausweicht. Gleichzeitig hat man begonnen, Ministerien zu Heimatministerien zu ernennen. Der Begriff Heimat, den viele lieben, hat für andere etwas von Rückwärtsgewandtem, von Anti- oder Postmoderne, von Fortschrittsverweigerung an sich.

Festlegen, was Identität ist, können aber kein Staat und keine Regierung. Sie können Ziele benennen. Identität entsteht aus Erlebtem, aus der gemeinsamen Geschichte, aus der gemeinsamen Schuld, aus nationalen Mythen und nicht zuletzt aus gemeinsamer Kultur. „Identität ist immer etwas Zusammengesetztes. Sie kann viele Elemente enthalten. Geografie, Geschichte, Kultur, Sprache, gemeinsame Interessen und die Art und Weise, in der Gesellschaft andere zu integrieren“.[147]

Folgt man dem Briten Stephen Green, einem begeisterten Liebhaber der deutschen Kultur, ist es unbezweifelbar, dass es eine deutsche Identität gibt, „mag sie auch im 20. Jahrhundert vor wie nach der Stunde Null noch so komplex gewesen sein“. Und er fügt hinzu, dass Deutschlands Identitätsbewusstsein stärker ist „als je zuvor seit dem Ende des 3. Reiches“.[148] Es gibt aber auch eine europäische Identität, und die deutsche Antwort auf die Frage nach der europäischen Identität lautet nach seiner Auffassung: „Die Europäer haben in der Tat einen gemeinsamen Weg und bedeutende Werte gemeinsam, die sich von anderen unterscheiden, und insofern haben sie der Welt viel zu bieten."[149] Deutschland hat nach den Erfahrungen von zwei Diktaturen und zwei Weltkriegen im 20. Jahrhundert verstanden, dass es auch mehrere Schichten von Identitäten geben kann, die sich nicht ausschließen, sondern ergänzen. Und das ist in vielen anderen Staaten Europas genauso. Man kann europäischer Deutscher sein und gleichzeitig ein deutscher Europäer. Dieser Satz, den Helmut Kohl immer wieder gesagt hat, zeigt, dass ein deutsches Vaterland und eine europäische Identität sich nicht ausschließen, sondern ergänzen. Nationen, Staat und Europa sind im 21. Jahrhundert nur noch als Demokratie denkbar. Nicht der Nationalstaat, also die Identität von Staat und Nation ist das Modell der Zukunft, sondern die Demokratie in Staat, Wirtschaft und Gesellschaft. In Europa und seinen Mitgliedstaaten sichert Europa das Überleben der Nationen.[150]

Diese fünf Aufgaben können die Völker Europas nur noch gemeinsam erfüllen. Wenn sie ihre Zukunft mitbestimmen wollen, geht das nur gemeinsam. Jetzt muss jeder Mitgliedstaat entscheiden, ob er seine Zukunft im Vereinten Europa gestalten will.

Die westliche liberale Demokratie für die ganze Welt tauglich zu machen, die europäische Einigung zu vollenden und die Nationen als Gemeinschaft derjenigen, die zusammen leben wollen, in einer entgrenzten Welt zu erhalten, ist die große politische Aufgabe des 21. Jahrhunderts.[151] Nur so lässt sich der „European Way of Life" erhalten und verteidigen.

Anmerkungen

1 Jürgen Rüttgers, Geschichte und Zukunft des Vereinten Europas, in: Jürgen Rüttgers/Frank Decker (Hg.), Europas Ende, Europas Anfang, Neue Perspektiven für die Europäische Union, Campus Verlag, Frankfurt a. M. 2017, S. 27.

2 Jürgen Osterhammel, Die Verwandlung der Welt, Eine Geschichte des 19. Jahrhunderts, München 2011, S. 795; Jan Zielonka (Dahrendorf Fellow) nennt die Angriffe auf unsere liberale Ordnung eine „Gegenrevolution", in: Versagen der Eliten, Frankfurter Allgemeine Zeitung, 14.04.2018, S. 8.

3 Eric Gujer, In der Weltpolitik findet gerade eine Zeitenwende statt, in: Neue Zürcher Zeitung, 26.05.2018, S. 1.

4 Jürgen Rüttgers, Mehr Demokratie in Europa, Tectum Verlag, Marburg 2016, S. 95 ff.

5 Thomas von Danwitz, Zukunft des Grundgesetzes, Adenauer-Vortrag 2018, unveröffentlichtes Manuskript 2018, S. 16.

6 EU Cohesion Monitor, European Council on Foreign Relations, December 2017, available at www.ecfr.eu/eucohesionmonitor

7 Jürgen Rüttgers, a. a. O., Fn. 4, S. 75 ff.; Eric Gujer, Politik ist nicht nur Gut und Böse, in: Neue Zürcher Zeitung, 22.12.2018, S. 1, weist darauf hin, dass in Frankreich das Institutionengefüge unter der Erosion der Parteien und der Orientierungslosigkeit der Gewerkschaften gelitten hat. In England habe die Regierungschefin Theresa May und das Parlament Schaden genommen. In Deutschland wechselten sich „nicht enden wollende Kanzlerschaften" ab. Wegen des Föderalismus seien die politischen Institutionen aber intakt. Macron sei angeschlagen, Merkel auch und May erst recht. Von ihnen seien keine Initiativen zur Belebung mehr zu erwarten.

8 Hans-Peter Schwarz, Von Adenauer zu Merkel, Lebenserinnerungen eines kritischen Zeitzeugen, hrsg. von Hanns Jürgen Küsters, München 2018, S. 565; Michael J. Sandel weist darauf hin: „Die Eliten begehen den Fehler, zurückzuschimpfen, die populistische Reaktion auf einen Mangel an Wissen, Bildung und Anstand zurückzuführen. Auf ihre ursprüngliche, eher unbewusste Arroganz setzen sie bewusst

eine weitere drauf. Darin spiegelt sich ihr eigenes Defizit an kritischer Selbsterkenntnis und -reflektion. Sie entlasten sich durch Empörung von der eigenen Verantwortung am Prozess der demokratischen Erosion", in: Der Spiegel, Nr. 21/19.05.2018, Die Eliten begehen den Fehler zurückzuschimpfen.

9 Erklärung von Meseberg vom 18. Juni 2018, Pressemitteilung 214 vom 19. Juni 2018, www.bundesregierung.de/breg-de/aktuelles/erklaerung-von-meseberg-1140536 (22.01.2019); Franz Walter weist darauf hin, dass „zur Zivilgesellschaft auch pathologische Ängste, ethnischer Abgrenzungseifer, unabsichtlich geführte Kämpfe zwischen verschiedenen Interessen, Kulturen und Weltanschauungen und Hass, Zynismus, Ressentiments und gruppenzentrierte Selbstbezogenheit" gehören können. Wenn sie schwachen Institutionen und Regierungen gegenüberstehen, stützt sie nicht zwingend die parlamentarische Demokratie, sondern unterhöhlt und gefährdet sie; Franz Walter, Kritik der Zivilgesellschaft, in: Frankfurter Allgemeine Zeitung, 16.04.2018, S. 6.

10 Timotheus Höttges, Für ein digitales Europa!, unveröffentlichtes Manuskript 09/2018, S. 5 ff.

11 Jens Beckert, Imaginierte Zukunft, Fiktionale Erwartungen und die Dynamik des Kapitalismus, Berlin 2018; Jens Beckert/Richard Bronk, Die Zukunft ist unkalkulierbar, in: Gesellschaftsforschung, Heft 1/2018, S. 10 ff., Max-Planck-Institut für Gesellschaftsforschung. Beckert und Bronk stellen fest: „In kapitalistischen Systemen sehen sich die Akteure einer offenen und unbestimmten Zukunft gegenüber. Sie können sich eine Fülle möglicher Zukunftsszenarien vorstellen und für sie planen, wobei die Wahlmöglichkeiten verwirrend vielfältig und deren Ergebnisse unvorhersehbar sind […] Die Zukunft ist unbestimmt, weil sie erst noch erschaffen werden muss […] Neue Sichten auf die Zukunft revolutionieren die Modelle wirtschaftlichen Denkens […] Immer klarer wird jedoch, dass die Mikrofundierung gegenwärtiger ökonomischer Standardmodelle für den Umgang mit einer durch und durch unsicheren Zukunft nicht geeignet ist."

12 Franz Josef Radermacher, Der Milliarden-Joker, Wie Deutschland und Europa den globalen Klimaschutz revolutionieren können, Hamburg 2018; Radermacher geht davon aus, dass statt den im Vertrag von Paris festgelegten 500 Milliarden Tonnen CO2 bis 2050 die doppelte Menge eliminiert werden muss. Zugleich dürfen die erforderlichen Wachstumsprozesse der Nichtindustrieländer und damit (zumindest teilweise) die Umsetzung der Agenda 2030 in diesen Ländern bilanziell keine weiteren Klimabelastungen zur Folge haben.

Dies sei die Schlüsselfrage für eine eventuelle Erreichung des Zwei-Grad-Ziels. Sollte dies gelingen, müsse u. a. der Atmosphäre massiv CO2 durch biologische Sequestrierung, also z. B. durch Aufforstungsmaßnahmen und Förderung der Humusbildung im Bereich der Landwirtschaft, entzogen werden. Es gehe dabei um mindestens 250 Milliarden Tonnen CO2-Negativemissionen. Radermacher hält es für möglich, dass Deutschland ab 2025 mindestens eine Milliarde Tonnen CO2 kompensieren und dadurch als erster Industriestaat klimaneutral werden könne. Auf europäischer Ebene seien fünf Milliarden erforderlich, die weltweit erbracht werden können, siehe Radermacher, S. 20 ff.; Frank Dohmen u. a., Raus aus Absurdistan, in: Der Spiegel Nr. 49, 1.12.2018, S. 24, die über ein gemeinsames Konzept des Präsidenten des RWI-Leibniz-Instituts für Wirtschaftsforschung Prof. Dr. Christoph Schmidt und des Potsdamer Umweltökonomen Prof. Dr. Ottmar Edenhofer berichten, die ein gemeinsames Konzept für eine Reform der Energiesteuern vorgelegt haben; Christian Wüst, Strom aus der Flasche, in: Der Spiegel Nr. 50, 8.12.2018, S. 110 ff.

13 Jürgen Rüttgers, Mehr Demokratie in Deutschland, Berlin 2017, S. 149 ff.

14 Andreas Reckwitz, Die Gesellschaft der Singularitäten, Berlin 2017, S. 374 ff.

15 Andreas Reckwitz, a. a. O., Fn. 14, S. 394.

16 Andreas Reckwitz, a. a. O., Fn. 14, S. 396.

17 Andreas Reckwitz, a. a. O., Fn. 14, S. 396; Thomas E. Schmidt spricht in diesem Zusammenhang von einem „Gefühl latenter Zukunftslosigkeit". Die Modernisierungsgewinner leben nach seiner Ansicht in einem Sinne, „der Zweifel, Angst und Melancholie ausschließt, stattdessen noch mehr Integration und Partizipation fordert, mehr Europa und mehr Feminismus, eine noch gesündere Lebensführung, den korrekten Sex, mehr Plattformökonomie, weniger Kohleverstromung: Alles ist so evident. Die öffentliche Meinung exerziert die Agendaliste der mit den Grünen aufgewachsenen Generation, als sei jeder Einspruch dagegen Verrat an der Zukunft aller. Moralismus gedeiht im Schatten eines langen Konjunkturzyklus bestens, die Konflikte können sich um identitätspolitische Detailfragen drehen. Und genau diese Version der Realität, wie sie sein soll, aber wie sie eben nicht ganz ist, hat sich unbeobachtet zu einem großen sozialen Ausschlussmechanismus entwickelt", Thomas E. Schmidt, in: Die Zeit, 02.08.2018, S. 38.

18 Andreas Reckwitz, a. a. O., Fn. 14, S. 442; Reckwitz betont, dass die Orientierung am Singulären die Rechts-Links-Unterscheidung unterläuft [...]: Auf der Linken die Orientierung an Diversität, auf der Rechten die Orientierung an Volk und Nation. Die eigentliche Alternative zur Singularisierung besteht darin, statt auf das Besondere auf das Allgemeine zu setzen; ob im Sinne von sozialer Gleichheit oder kultureller Integration, in: ders., Leben wir nur noch für Instagram?, Interview im Kölner Stadt-Anzeiger, 10./11.02.2018, S. 22. Reckwitz spricht auch von einer „neuen oberen Mittelklasse. Während die alte Mittelklasse sich materiell behauptet, gerät sie kulturell ins Hintertreffen und empfindet dies in einem kulturalisierten Kapitalismus als Niederlage. Und dann ist da noch die ‚neue Unterschicht', jene, die weder durch Bildung noch durch Geschäft ihren Status festigen kann. Sie ist es, die an allen Fronten verliert: Sie wird nicht nur durch sozialrechtliche Eingriffe materiell immer weiter entsichert, sondern auch, in der Reckwitz'schen Lesart vielleicht sogar schmerzlicher, kulturell entwertet. Die politische Krise, die hieraus entsteht, liegt auf der Hand: Eine Gesellschaft, die einer sozialen Logik der Besonderheit folgt, die permanent damit beschäftigt ist, Eigenschaften zu bewerten, verliert die Dynamik der Gemeinsamkeit. Und ganz ohne die ist demokratische Handlungsfähigkeit nicht denkbar."; siehe Meredith Haaf, Wir sind ganz bei uns, in: Süddeutsche Zeitung, 26.10.2017, S. 14.

19 Jürgen Rüttgers, a. a. O., Fn. 1, S. 76 ff.; „In der Renaissance der Begriffe Identität, Heimat und Kultur drückt sich eine Sehnsucht nach Sicherheit aus, einer Sicherheit in sich selbst, in anderen, in der Welt: Es ist die Sehnsucht nach Orientierung. Vertrautes schafft Orientierung" [...] „Wenn unsere Persönlichkeit zwar nicht ausschließlich, aber doch wesentlich Produkt unserer Erfahrung ist, Identität sich also aus alldem ausbildet, was uns vertraut ist, dann ist unsere Persönlichkeit und somit auch die Identität nicht starr" [...] Die Begriffe Identität, Heimat und Kultur streben nach Freiheit", siehe Susanne Beyer, Freiheit für die Heimat!, in: Der Spiegel Nr. 10/2018, 03.03.2018, S. 122 f.

20 Erklärung von Meseberg, a. a. O., Fn. 9.

21 Jürgen Habermas, Ein Pakt für oder gegen Europa?, in: ders., Zur Verfassung Europas, Berlin 2011, S. 123.

22 Irene Zöch, Weltbevölkerung: Europa, der schrumpfende alte Kontinent, in: Die Presse, 10.07.2009.

23 Die Europäische Union will deshalb ihre globale Strategie für Sicherheit und Verteidigung umsetzen. (European Defence Action Plan,

European Commission, 30.11.2016, COM (2016) 950 final) Nach Art. 42 Abs. 6 EUV kann sich aber eine Gruppe gleichgesinnter Mitgliedsstaaten zu einer gemeinsamen europäischen Verteidigungspolitik zusammenschließen. Die Kerngruppe kann dann ohne Teilung der Union „systematische Schritte […] einer kohärenten Sicherheits- und Verteidigungspolitik" ergreifen. Die Notifizierungsurkunde für PESCO (Permanent Structured Cooperation) wurde im November 2017 in Brüssel von 25 Mitgliedsstaaten unterzeichnet. Im März 2018 wurden die ersten 17 gemeinsamen Projekte beschlossen, denen in einer zweiten Projektrunde auf dem Ratstreffen der EU-Außen- und Verteidigungsminister am 19./20. November 2018 weitere folgten. (www.heise.de/tp/features/PESCO-Ruestungsprojekte-Deutschland-Italien-und-Frankreich-sahnen-ab-4226075.html?seite=all, ausgedruckt am 22.11.2018)

24 Charles S. Maier, Der Bruch, in: Süddeutsche Zeitung, 10.07.2018, S. 10; Marcel Fratzscher, Bevor es zu spät ist, in: Handelsblatt, 07.05.2018, S. 55; „Europa ist nicht Teil dieses Konkurrenzkampfes (zwischen Amerika, China und Russland, d. V.), sondern eigenständig. Freihandel, Fairness im wirtschaftlichen Ausland, ein sanftes, aber beharrliches Werben für Freiheit, Demokratie, Rechtsstaat und Menschenrechte in China sollten die europäischen Leitlinien sein …. Es geht darum, eine freundliche Sicherheitspolitik zu betreiben, die so optimistisch wie pessimistisch ist. Auch die Russen wollen keinen Krieg. Aber wenn sie einen anfangen sollten, dann wäre die Europäische Union vorbereitet. Langfristig muss sie ohne den amerikanischen Schutzschirm planen", Dirk Kurbjuweit, Überwintern in Zeiten von Trump, in: Der Spiegel, Nr. 30/21.07.2018, S. 26 f.

25 Jens Südekum, Robotik und der Beitrag zu Wachstum und Wohlstand, in: Konrad-Adenauer-Stiftung, Analysen & Argumente – Digitale Gesellschaft, Juni 2018, Ausgabe 306, S. 5–7; Johannes Pennekamp, Die Schattenseite der Digitalisierung, in: Frankfurter Allgemeine Zeitung, 15.10.2018, S. 17; Michael Burda, Der Elefant im Zimmer, in: Frankfurter Allgemeine Zeitung, 15.10.2018, S. 16. Der Facharbeitermangel wird durch den demografischen Wandel weiter wachsen. „Das Schrumpfen muss aber keine Katastrophe sein, es bietet sogar Chancen. Es kann auch zu besserer Arbeit und höheren Löhnen führen. Denn das Beschäftigungswachstum der letzten 15 Jahre hat eine Schattenseite. Die Produktivität entwickelt sich nur schwach, und auch die Löhne blieben deutlich zurück […] ‚Ob ein Deutschland in der Zukunft mit 40 Millionen Erwerbspersonenpotenzial schlechter dastehen wird als das von heute mit 45 Millionen, ist nicht

gesagt', sagt [Enzo Weber vom IAB]. ,Allerdings gibt es für den Weg dorthin keine Erfahrung.' Deshalb müssen Politik und Wirtschaft den Wandel gestalten […] Denn kein Bereich wird von der Entwicklung verschont bleiben. Auch nicht die digitale Welt, von der man glaubt, sie könne sich ihre Fachkräfte problemlos über Plattformen global organisieren.", Markus Dettmer, Christoph Koopmann, Das Experiment, in: Der Spiegel Nr. 51, 15.12.2018, S. 56 ff.
Die beiden Wirtschaftsweisen Christoph Schmidt (RWI Essen) und Lars Feld (Walter Eucken Institut Freiburg) erklären das „Produktivitätsparadoxon", d. h. dass die Digitalisierung die Produktivität bisher nicht signifikant erhöht hat, durch den gleichzeitigen Personalaufbau. „Für die Produktivität, die beide Größen ins Verhältnis setzt, sei der Effekt entsprechend klein. Dass die deutsche Wirtschaft seit Jahren kaum produktiver wird, begründen Schmidt und Feld vor allem mit Millionen Arbeitskräften, die seit 2005 hierzulande in Betrieben Fuß gefasst haben. Sie seien im Schnitt nicht so produktiv wie die zuvor beschäftigten"; Johannes Pennekamp, s.o., S. 17.

26 Independent High Level Group on Industrial Technologies der Europäischen Kommission, Report „Re-finding Industry – Defining Innovation", 2018, S. 11 ff.

27 Angus Deaton, Der große Ausbruch, Von Armut und Wohlstand der Nation, bpb, Bonn 2017, S. 13.

28 Angus Deaton, a. a. O., Fn. 27, S. 21 ff.

29 Angus Deaton, a. a. O., Fn. 27, S. 22 f.; Konrad Rudzio, Ungleich, in: Die Zeit, 18.01.2018, S. 23.

30 Angus Deaton, a. a. O., Fn. 27, S. 23.

31 Timotheus Höttges, a. a. O., Fn. 10, S. 11.

32 Uwe Max, Die Stunde der Roboter, in: Frankfurter Allgemeine Zeitung, 10.11.2018, S. 21; Jens Südekum, a. a. O., Fn. 25, S. 4

33 Eurostat-Extra-EU trade in manufactured goods – April 2017. Im Jahr 2018 wurden 83 Prozent der EU-Exporte durch die Industrie erwirtschaftet.

34 Eine Studie der Kreditanstalt für Wiederaufbau (KfW) sieht die Ursache für die Schwäche des Produktivitätswachstums in Verschiebungen der Beschäftigung hin zu Branchen mit unterdurchschnittlichem Produktivitätsniveau. Der Anteil der Dienstleistungen an der Beschäftigung und Wertschöpfung sei größer geworden. Von 1991–2016 fiel der Beschäftigtenanteil im verarbeitenden Gewerbe von 25 auf 18 Prozent. Im Dienstleistungssektor stieg der Anteil von 45 auf 59 Prozent. Verstärkt worden sei der Effekt durch die Arbeitsmarktreformen der Regierung von Gerhard Schröder. Es gebe zudem kaum

Wachstumsschübe. Das Produktivitätswachstum konzentriere sich nur auf wenige Wirtschaftsbereiche, etwa im verarbeitenden Gewerbe auf die Nahrungsmittelindustrie und die Fahrzeugbauer, im Dienstleistungssektor auf die Informations- und Kommunikationsbranche. Gebremst hätten jeweils der Maschinenbau bzw. die Unternehmensdienstleister wie Rechts- und Steuerberatungen und Unternehmensberater. Die Finanz- und Versicherungsdienstleister konnten ab 2004 die Produktivität steigern. (Warum wächst die Produktivität kaum?, in: Frankfurter Allgemeine Zeitung, 12.03.2018, S. 19).

35 Matthias Müller, Viele Wege führen nach China, in: Neue Zürcher Zeitung, 26.05.2018, S. 7; Die Volksrepublik China investiert massiv in KI-Technologie. An der Universität Peking wurde hierzu ein Forschungscampus geschaffen. Es gibt massive Steuererleichterungen für IT-Start-ups, Anwerbeprogramme für KI-Forscher aus dem Ausland, eine Kooperation mit weltweit führenden Universitäten und die Gründung von KI-Forschungszentren im Ausland. KI soll in China zur Steigerung der öffentlichen Sicherheit eingesetzt werden, eine Harmonisierung von Verwaltungs- und Rechtsakten ermöglichen, Fehlentscheidungen lokaler Kader und Gerichte verhindern, „neue Urbanisierungskonzepte" entwickeln, um die gleichen Lebensbedingungen in urbanen und ländlichen Gebieten zu schaffen und der alternden Gesellschaft entgegenzuwirken. Diese Programme sollen zu einer Harmonisierung der chinesischen Gesellschaft führen. Dazu kommen Aspekte der Digitalisierung und Automatisierung in den Bereichen E-Commerce, E-Health, E-Mobility, Smart City und Smart Home, die digital vernetzt und gesteuert werden sollen und damit auch überwacht werden können; siehe Nele Noesselt, Chinas Antworten auf den neuen „Sputnik-Schock", in: Frankfurter Allgemeine Zeitung, 24.12.2018, S. 7; Gabriel Felbermayr, Wie reagieren auf Chinas Offensive?, in: Frankfurter Allgemeine Zeitung, 06.08.2018, S. 18; Ayad Al-Ani, Hegemon aus Washington, in: Cicero, 11.2018, S. 88 f.; Lea Deuber, Stark und Schnell, in: Süddeutsche Zeitung, 06./07.10.2018, S. 7; Friederike Böge, Wo Trump eine Lücke lässt, in: Frankfurter Allgemeine Zeitung, 29.09.2018, S. 10; Finn Mayer-Kuckuk, Leben nach Punkten, in: Kölner Stadt-Anzeiger, 26.10.2018, S. 8; Christoph Hein, Chinas Mammutprojekt gerät ins Stocken, in: Frankfurter Allgemeine Zeitung, 02.10.2018, S. 18: „Die Europäische Union plant als Antwort auf die chinesische Seidenstraße eine ‚Konnektivitätsstrategie' und will für ihre stärkere Vernetzung mit Asien bis 2027 rund 123 Milliarden Euro zur Verfügung stellen."

36 Die High Level Strategy Group on Industrial Technologies hat eine Neudefinition der Schlüsseltechnologien (KETs) für die nächsten Förderperioden 2020 bis 2025 vorgeschlagen, die sich besonders auf die Förderung von Schlüsseltechnologien, für die Kombination mehrerer KETs und/oder technologieübergreifender KETs bezieht (Report „Re-finding Industry – Defining Innovation" of the independent High Level Group on Industrial Technologies chaired by Jürgen Rüttgers, European Commission, 2018, COM (2018) 306 final). Offen ist die Antwort auf die Frage, welche Auswirkungen der „Brexit" auf das Wirtschafts- und Produktivitätswachstum in Großbritannien und der EU-27 haben wird. Es gibt Berechnungen, die für einen „ungeordneten Austritt Großbritanniens aus der EU" mit einem Rückgang der Wirtschaftsleistung von rund 10 Prozent (Bank of England) bis zu einem kaum spürbaren Einfluss auf die Geschwindigkeit des langfristigen Potenzialwachstums ausgehen. Übereinstimmung besteht dagegen, dass in der ersten Phase eines ungeregelten Brexits „chaotische Verhältnisse" herrschen werden. Wichtig bleibt aber die langfristige Entwicklung des Produktivitätswachstums. „Die Briten sind seit Jahrzehnten weniger produktiv als die Deutschen, die Franzosen und vor allem als die Amerikaner, trotz jahrzehntelanger Mitgliedschaft in der EU." Wichtig sind für die Kosten des Abnabelungsprozesses die „Unsicherheit in Wirtschaft und Politik", die Umsetzung notwendiger Reformen, „um die Produktivitätsschwäche zu überwinden", d. h. Verbesserungen bei der „maroden Infrastruktur", beim „inferioren Ausbildungssystem", der „sozialen Mobilität", dem „barocken Steuersystem" und der „wachstumsfeindlichen Raum- und Bauordnung"; siehe Gerald Hosp, Die wahren Kosten des Brexit, in: Neue Zürcher Zeitung, 8.12.2018, S. 17.

37 Wim Naudé, Petra Nagler (2017) Technological Innovation and Inclusive Growth in Germany, Bertelsmann Stiftung Gütersloh, die argumentieren, dass Wohlfahrtsstaaten sowohl die Einkommen wie die Wettbewerbsbedingungen zur selben Zeit verbessern müssen, so dass sowohl die Löhne und die Investitionen steigen; weitere Argumente sind: Die Niedriglohnländer hätten ihr Potenzial, Kosten zu senken, nahezu ausgeschöpft. Hinzu käme der verstärkte Einsatz von Robotern. „Plötzlich rechnet sich ‚Made in Germany' wieder." (Alexander Jung, Einmal China und zurück, in: Der Spiegel, 29.09.2018, S. 61). Ähnliche Entwicklungen gibt es auch in den USA. (Heike Buchter, Schluss mit der Globalisierung, in: Die Zeit, 19.10.2017, S. 37). Ein weiteres Argument verweist auf die zunehmende Repres-

sion in China (Beat Hotz-Hart, Innovation gibt es nur ohne Repression, in: Neue Zürcher Zeitung, 18.06.2016, S. 18).

38 Jürgen Rüttgers: Wirtschaftliche Vernunft und Soziale Gerechtigkeit, Anmerkungen zur Zukunft der Sozialen Marktwirtschaft, in: Bodo Hombach, Alexander Schweitzer (Hg.), Mehr Argumente wagen, Akademie für Forschung und Lehre praktischer Politik (BAPP), Bonn 2015, S. 86-106.

39 Jürgen Rüttgers, Mehr Demokratie in Europa, Marburg 2016, S. 78.

40 Siehe S. 28.

41 Zu den „Bestimmungsgrößen der Demokratie als Staats- und Regierungsform" gehören „unausgesprochene, im vor-verfassungsrechtlichen Bereich angesiedelte Bauelemente der Demokratie, die neben ihre ausdrücklich normativ-institutionellen Strukturmerkmale treten"; siehe Ernst-Wolfgang Böckenförde, Demokratie als Verfassungsprinzip, Bd. II, in: Isensee, Josef/Kirchhoff, Paul (Hg.), Handbuch des Staatsrechts der Bundesrepublik Deutschland, Bd. II, Verfassungsstaat, 3. Aufl., Heidelberg 2004, §24, Rn 58 (HStR II 3 2004, §24, Rn 58); Jan-Werner Müller, Was hält Demokratien zusammen, in: Neue Zürcher Zeitung, 26.08.2017, S. 26. Diese soziokulturellen, d. h. gesellschaftlichen und geistig-bildungsmäßigen, politisch-strukturellen und ethischen Voraussetzungen werden heute vielfach als der Verfassung vorgelagerte Werte bezeichnet. „In der Geistesgeschichte des 20. Jahrhunderts wimmelt es von totalitärem Denken. Ob aus rechtem oder aus linkem Lager – ob Carl Schmitt oder Alexandre Kojève: Intellektuelle, die eine bestimmte Form der Gesellschaftsorganisation über die Freiheit des Einzelnen stellen und im Namen einer „Fortschritts-Idee keine Rücksicht auf mögliche Opfer [...] nehmen, sind im ‚Zeitalter der Extreme' (Eric Hobsbawm) ungemein zahlreich vertreten". Dem setzte Isaiah Berlin die Überzeugung entgegen, dass es auf die Frage nach dem richtigen Leben grundsätzlich verschiedene Antworten gebe und deshalb Toleranz erforderlich sei, d. h. „das Verständnis für fremde Weltanschauungen, ein Ethos, gemäß dem die ‚negative' Freiheit der Mitmenschen respektiert werde, und eine Gesinnung, laut der die Einmischung in fremde Lebensentwürfe zu unterlassen sei."; siehe Christian Marty, Eine vollkommene Gesellschaft gibt es nicht, in: Neue Zürcher Zeitung, 22.12.2018, S. 24.

42 Joachim Detjen, Verfassungswerte, bpb, Bonn 2012, S. 70 ff.

43 Manfred G. Schmidt, Wörterbuch zur Politik, 3. Aufl., Stuttgart 2010, Stichwort „Identität", S. 347.

44 P. Graf Kielmansegg, zitiert nach Manfred G. Schmidt, a. a. O., Fn. 43, S. 347. Nach Auffassung der Staatslehre ist diese Identität auch erforderlich, damit die Staaten eine eigene Souveränität haben. Staaten sind als Subjekte des Völkerrechts „alle politischen Gebilde […], die die drei konstituierenden Kriterien eines ‚Staates'" erfüllen und „ein Staatsgebiet, ein Staatsvolk und eine Staatsgewalt besitzen" (Dirk Berg-Schlosser/Theo Stammen, Politikwissenschaft, 8. Aufl., Baden-Baden 2013, S. 242 ff.). Im Vertrag von Münster und Osnabrück, mit dem durch den „Westfälischen Frieden" 1648 der Dreißigjährige Krieg beendet wurde, wurden die Prinzipien der absoluten Souveränität der Staaten und die Nichteinmischung in die Angelegenheiten anderer Staaten eingeführt. Heute können Staaten Souveränitätsrechte an supranationale Organisationen oder an andere Staaten übertragen. In der so entstehenden Mehrebenen-Demokratie wie im Falle der Europäischen Union und deren Mitgliedsstaaten sind beide teilsouverän, die Mitgliedsländer, weil sie Hoheitsrechte an die Europäische Union abgetreten haben, und die EU, weil sie durch den Umfang der übertragenen Hoheitsrechte ein teilsouveräner Staat geworden ist (Jürgen Rüttgers, a. a. O., Fn. 39, S. 45 ff.). Nach Art 24, Abs. 1 Grundgesetz kann der Bund durch Gesetz Hoheitsrechte auf zwischenstaatliche Einrichtungen übertragen. Die Europäische Union verfügt über Rechtssetzungsbefugnisse mit Durchgriffscharakter auf die Mitgliedsstaaten ebenso wie über die Befugnis, Verwaltungsakte zu erlassen, die unmittelbar in den Mitgliedsstaaten wirksam sind (Joachim Detjen, a. a. O., Fn. 42, S. 158).

45 Joachim Detjen, a. a. O., Fn. 42, S. 71.

46 Schmitt, Carl, Politische Theologie. Vier Kapitel zur Lehre von der Souveränität, Berlin 1979.

47 Udo Di Fabio, Was der Staatenbund leisten kann. Europa ist auf dem Weg in die Mehrebenendemokratie, in: Frankfurter Allgemeine Zeitung Nr. 79, 06.04.1999, S. 11.

48 Thomas von Danwitz, a. a. O., Fn. 5.

49 Ernst Wolfgang Böckenförde, HStR II 3 2004,§ 24, Rn. 1, S. 429 ff.

50 Manfred G. Schmidt, Demokratietheorien, bpb, Bonn 2010, S. 400.

51 Manfred G. Schmidt, a. a. O., Fn. 50, S. 402.

52 Art. 3 Abs. 3 des Vertrages über die Europäische Union vom 07.02.1992 (Vertrag von Maastricht).

53 M. Rainer Lepsius, „Ethnos" oder „Demos", in: ders., Interessen, Ideen, Institutionen, Wiesbaden 2009, S. 253.

54 Jürgen Rüttgers, a. a. O., Fn. 4, S. 86 f.

55 Jürgen Rüttgers, a. a. O., Fn. 4, S. 78.

56 Stephen Green, Dear Germany, Liebeserklärung an ein Land mit Vergangenheit, Darmstadt 2017, S. 271 ff.
57 Jürgen Rüttgers, Geschichte ein Gesicht geben, in: Xuewu Gu/Hanns-Jürgen Küsters (Hg.), Was Deutschland und die Welt im Innersten zusammenhält, Sankt Augustin/Berlin 2015, S. 172.
58 Nelson 1977, rev. 2011, Zitat nach High Level Strategy Report „Re-finding Industry – Defining Innovation", a. a. O., Fn. 26, S. 36 ff.
59 High Level Strategy Report „Re-finding Industry – Defining Innovation", a. a. O., Fn. 26, S. 36 ff.
60 Joachim Müller-Jung, Europa auf der Suche nach der Welt von morgen, in: Frankfurter Allgemeine Zeitung, 01.08.2018, S. 9.
61 Forschungsziel erstmals erreicht, in: Frankfurter Allgemeine Zeitung, 12.11.2018, S. 17. Nach einer Studie des Weltwirtschaftsforums (WEF) in Davos liegt Deutschland bei der Innovationsfähigkeit auf Platz 1 (Globaler Wettbewerbsbericht 2018); in: Kölner Stadt-Anzeiger, 18.10.2018, S. 6. Beim BDI-Innovationsindikator auf Platz 4 hinter Singapur, Schweiz und Belgien; Martin Greive, Globaler Kampf um Innovationen, Handelsblatt, Weihnachten 2018, S. 10 f.
62 Uwe Jean Heuser, Auf die Barrikaden, ihr Datenbesitzer, in: Die Zeit, 16.08.2018, S. 20.
63 Andreas Reckwitz, a. a. O., Fn. 14, S. 228 ff.
64 Jürgen Rüttgers, Zeitenwende – Wendezeiten, Berlin 1999, S. 13 ff.; ders., Die Marktwirtschaft muss sozial bleiben, Köln 2007, S. 30 f.
65 Jürgen Rüttgers, „Er war ein ganz großer Häuptling" – Neues über Konrad Adenauer, Paderborn 2017, S. 78 ff.
66 Andreas Reckwitz, a. a. O., Fn. 14, S. 230. Andreas Weigend, der frühere Chefwissenschaftler von Amazon und Mitglied des Digitalrats der Bundesregierung, sagt: „Wichtig ist nicht nur die Geschwindigkeit der Veränderung, sondern die Rate, mit der sich diese Geschwindigkeit ihrerseits verändert. Denn in vielen Bereichen erleben wir derzeit eine Beschleunigung 2.0. Etwa bei der Leistungsfähigkeit von Computern und künstlicher Intelligenz. Lange Zeit galt dafür Moores Law, das berühmte „Mooresche Gesetz", demzufolge die Leistungsfähigkeit von Computerchips (genau: die Zahl der Schaltelemente in einem integrierten Schaltkreis) sich etwa alle ein bis zwei Jahre verdoppelt. Deshalb werden die Geräte immer kleiner und leistungsfähiger, müssen wir uns alle paar Jahre ein neues Handy zulegen, sind Computer nach 10 Jahren reif fürs Museum. Während manche Experten derzeit über ein Ende dieser Entwicklung sinnieren, prophezeit Weigend das Gegenteil. Die wahre technische Leistungsfähigkeit stehe erst bevor. Kürzlich las er eine Studie, der zufolge sich

Moores Law deutlich beschleunigt. Statt mit einer Verdopplung müsse man künftig jedes Jahr mit einer Verzehnfachung rechnen. „Das überfordert unser Vorstellungsvermögen", sagt Weigend. „Und egal, welche Regeln wir uns heute für den Umgang mit dieser Technik überlegen – wir können davon ausgehen, dass sie in einem Jahr überholt sind."; Ulrich Schnabel, Wer kommt da noch mit?, in: Die Zeit, 13.12.2018, S. 33 f.

67 Andreas Reckwitz, a. a. O., Fn. 14, S. 231.

68 Shoshana Zuboff, „Facebook ist nicht die Dorfwiese", Interview in: Süddeutsche Zeitung, 07.11.2018, S. 22.

69 Yann LeCun, „Ohne Künstliche Intelligenz funktioniert Facebook nicht", Interview in: Frankfurter Allgemeine Zeitung, 06.11.2018, S. 19.

70 Andreas Reckwitz, a. a. O., Fn. 14, S. 232.

71 Der frühere Spiegel-Chefredakteur stellt in einem beachtenswerten Aufsatz folgende Fragen: „Was sind heute noch Qualitätsmedien? Woran erkennt man sie? Zuallererst daran, dass sie ihr Publikum informieren und nicht missionieren wollen, dass sie Nachricht und Kommentierung voneinander trennen. [...] Sie vermelden eine Nachricht schnell, aber widerstehen dem Hang, diese zu deuten, zu erklären, bevor sie tatsächlich verstanden wurde. [...] Medien, die auf sich halten, wissen, dass Journalismus ein Ort der Mäßigung sein muss, des zweiten Gedankens, der Schritt hält mit einer komplizierten Welt." Georg Mascolo, Frei, unabhängig, kritisch, in: Süddeutsche Zeitung, 17./18. November 2018, S. 45.

72 Ursula Münch, Digitalisierung als Bedrohung der Demokratie?, Politikwissenschaftliche Untersuchungsansätze und Einordnungen, Vortrag zu Garching am 04.07.2017.

73 Robin Geiß, Völkerrecht in „Cyberwar", Internationale Politik und Gesellschaft, www.ipg-journal.de/Schwerpunkt des monats/neue-high-tech-Kriege/artikel/details/voelkerrecht-im-Cyberwar-8-59 (abgerufen am 06.04.2018).

74 Matthias Kolb, Das Schlachtfeld der Zukunft gehört Robotern und Hackern, in: SZ-online, www.sueddeutsche.de.1.38722P8 (abgerufen am 06.04.2018). Russland hat bereits bei der letzten amerikanischen Präsidentenwahl versucht, zugunsten des Kandidaten Trump digital in den Wahlkampf einzugreifen. Aus den USA wurde bereits versucht, die EU-Gesetzgebung zu beeinflussen, indem Unternehmen der Internetwirtschaft digitale Kampagnen durchführten. Großunternehmen aus den USA versuchen, das deutsche Gesundheitssystem auf der Basis cloudbasierter Intelligenz durch Softwarepro-

gramme neu zu gestalten, obwohl diese noch mit großen Mängeln behaftet sind. Cyberversicherungen sollen Konzerne gegen IT-Attacken absichern; siehe Volker Rieck, Anatomie eines Politik-Hacks, in: Frankfurter Allgemeine Zeitung, 18.08.2018, S. 9, Helmut Martin-Jung, Google, Macht ohne Grenzen, in: Süddeutsche Zeitung, 31.08.2018, S. 4, Martin U. Müller, Dr. Watson versagt, in: Der Spiegel, Nr. 32/04.08.2018, S. 106 ff.; Anna Gentrup, Geheime Daten in Gefahr, in: Süddeutsche Zeitung, 31.08.2018, S. 19.

75 Andreas Reckwitz, a. a. O., Fn. 14, S. 226. Nach zwei Jahrzehnten stellen immer mehr Wissenschaftler und Unternehmer fest, dass der Verzicht auf eine sinnvolle Regulierung zu Datenmonopolen und Monopolunternehmen geführt hat. Der versprochene „Produktivitätssprung" ist dagegen ausgeblieben. „Die ‚Technology Review' der Universität MIT in Boston fragt: „Technologie bedroht die Demokratie. Wie können wir sie retten?"; siehe Thomas Schulz, in: der Spiegel Nr. 44, 27.10.2018, S. 76 ff.

76 Report „Re-finding Industry – Defining Innovation", a. a. O., Fn. 26, S. 29; Hannes Grassegger, Ein Befreiungsschlag, in: Der Spiegel – Futura, 20.10.2018, 32, S. 8 ff.; Caspar Busse, Claus Hulverscheidt, „Die NSA würde rot vor Scham", in: Süddeutsche Zeitung, 22./23. Dezember 2018, S. 23: „Richtig ist, dass die Tech-Riesen das mit Abstand schwierigste Jahr hinter sich haben, seit sie vor einem Jahrzehnt auf der Bildfläche erschienen: Ausspionieren der Nutzer, Verbreitung von Hassbotschaften, Steuervermeidung, Monopolbildung, Aktienverluste in teils dreistelliger Milliardenhöhe – die Liste der Skandale und schlechten Nachrichten ist so lang, dass die Öffentlichkeit zeitweise kaum Schritt halten konnte."; Uwe Jean Heuser, Auf die Barrikaden, ihr Datenbesitzer, in: Die Zeit Nr. 34, 16.08.2018, S. 20.

77 Henry Kissinger, „Wie die Aufklärung endet – philosophisch, intellektuell – in jeder Hinsicht – ist die menschliche Gesellschaft auf den Aufstieg künstlicher Intelligenz nicht vorbereitet", in: Der Atlantik – The Atlantic, Juni 2018.

78 Ranga Yogeshwar, Nächste Ausfahrt Zukunft, Rede D 21, Berlin am 23.01.2018.

79 Christopher Schrader, Digitaler Bergbau, in: Süddeutsche Zeitung, 14.11.2018, S. 16

80 Christian Wüst, Blackout im Parkhaus, in: Der Spiegel 43/2017, 21.10.2017, S. 117; ders., Strom aus der Flasche, a. a. O., Fn. 12: „350 Kilowatt Ladestrom haben zur Folge, dass 28 Autos am Starkstrom-Zapfhahn die gleiche Leistung aus dem Netz fordern wie ein ICE mit 830 Sitzplätzen bei voller Beschleunigung."

81 Ranga Yogeshwar, a. a. O., Fn. 78.

82 Henry Kissinger, a. a. O., Fn. 77; Manuela Lenzen schreibt: Künstliche Intelligenz sei weder in Form von Robotern noch in Form eines global vernetzten Computersystems eine bald drohende Gefahr. Genauso wenig sei sie das Allheilmittel für Menschheitsprobleme, das Optimisten in ihr sehen. Es hänge vor allem von uns ab, wo genau zwischen diesen Extremen unsere tatsächliche Zukunft liegt; Zitat nach Eva Weber-Guskar, Was Maschinen können, in: Süddeutsche Zeitung, 06.08.2018, S. 13.

83 Marcus Theurer, Der Vater, das Internet und seine Problemkinder, in: Frankfurter Allgemeine Zeitung, 08.11.2018, S. 20.

84 Michael Moorstedt, Rettung vom Erfinder des World Wide Web, in: Süddeutsche Zeitung, 27.08.2018, S. 9. Der Vorsitzende des Deutschen Ethikrates Peter Dabrock, Suchet der Stadt Bestes, in: Frankfurter Allgemeine Zeitung, 24.12.2018, S. 6, fragt: „Was kann man also tun? In einer konzertierten Aktion müssen Politik und Gesellschaft die Selbstbestimmung des Einzelnen unter den Bedingungen der ‚Granularisierung' verteidigen oder – wo sie schon verloren scheint – zurückerobern. Vieles wird davon abhängen, ob es gelingt, das hinter dem traditionellen Datenschutz stehende Recht auf informationelle Selbstbestimmung in das Big-Data- und Maschinelle-Lernen-Zeitalter zu übersetzen. Dazu muss allerdings von der traditionellen Input-Orientierung des Datenschutzes mit den Stellschrauben ‚Einwilligung, Datensparsamkeit und Zweckbindung' auf einen stärker auf Output-Orientierung setzenden Ansatz im Umgang mit Daten umgeschaltet werden. Als Ziel eines solchen, viele Dimensionen und Akteure integrierenden Ansatzes hat der Deutsche Ethikrat in einer Stellungnahme aus dem Jahr 2017 die Datensouveränität identifiziert, die er als ‚informationelle Freiheitsgestaltung' auslegt […] Als solche identifiziert der Ethikrat unter anderem: Potenziale von KI und Big Data erschließen, individuelle Freiheit und Privatheit schützen, Gerechtigkeit und Solidarität sichern und schließlich Verantwortung und Vertrauen fördern. All das kann technisch mit den vorhandenen Möglichkeiten verwirklicht werden – wenn es gewollt, gefördert und gefordert wird."

85 Sarah Spiekermann, „Intelligente Maschinen gibt es nicht – das ist irreführend", Interview in: Süddeutsche Zeitung, 24./25.11.2018, S. 15; Andrian Kreye, Berührungspunkte, in: Süddeutsche Zeitung, 24./25.11.2018, S. 13 ff.; Eva Weber-Guskar, Was Maschinen können, in: Süddeutsche Zeitung, 06.08.2018, S. 13.

86 Joachim Becker, Der Schatz im Datensee, in: Süddeutsche Zeitung, 10./11.11.2018, S. 64; Helmut Martin-Jung, Auf geht's, Deutschland!, in: Süddeutsche Zeitung, 1./2.12.2018, S. 26.
87 Andrian Kreye, Zug 37, Gipfeltreffen zwischen Künstlern und Wissenschaftlern, in: Süddeutsche Zeitung, 14./15.10.2017, S. 17; Catherine Hoffmann, Die Industrie stirbt, in: Süddeutsche Zeitung, 12./13.08.2017, S. 24.
88 Der Branchenverband Bitkom schätzt, dass sieben von zehn deutschen Industrieunternehmen in den Jahren 2016 und 2017 Opfer von „Sabotage, Datendiebstahl oder Wirtschaftsspionage" geworden sind. Am stärksten betroffen seien die Chemie- und Pharmaindustrie und der Automobil- und Maschinenbau. Der Gesamtschaden beläuft sich auf 43,3 Mrd. Euro (Handelsblatt, 30.11.2018, https://www.handelsblatt.com/politik/deutschland/bitkom-deutsche-industrie-massiv-ziel-von-spionage-und-datenklau/23702112.html?ticket=ST-1738669-rDDLHIYkX3EgEAebPnFQ-ap1 (abgerufen am 22.01.2019).
89 Jonas Jansen, In der Abwehr muss man wie der Angreifer denken, in: Frankfurter Allgemeine Zeitung, 09.11.2018, S. 10; Über die Hälfte der deutschen Unternehmen sind bereits „Opfer" von Wirtschaftsspionage, Sabotage oder Datendiebstahl geworden. In der Chemie, Pharma- und Automobilindustrie waren es sogar zwei Drittel; Dirk Asendorpf, Error, in: Die Zeit Nr. 31, 27.07.2017, S. 33.
90 Dr. Elke Kimmel, Mythos Marschallplan? http://www.bpb.de/geschichte/zeitgeschichte/marschallplan/40091 (abgerufen 31.08.2018).
91 Horand Knaup, Peter Müller, Jonas Weyrosta, Das große Missverständnis, in: Der Spiegel, 08.07.2017, S. 58 f.
92 Rede von Bundesminister Gerd Müller beim Afrikatag 2017 der Europäischen Investitionsbank und des Afrika Vereins der Deutschen Wirtschaft am 06.07.2017 in Berlin. Die von der Bundesregierung erhoffte Beteiligung deutscher Unternehmen mit Investitionen in Afrika blieb bislang aus. Bisher haben deutsche Firmen nur 10 Milliarden Euro dort investiert; was ein Prozent der gesamten Auslandsinvestitionen ausmacht. Es fehlt zudem eine Koordinierung zwischen dem „Marshall-Plan" des Entwicklungsministers, dem „Compact with Africa" des Finanzministeriums und der Initiative „Pro Afrika" des Wirtschaftsministeriums, „Der ‚Marshallplan' stockt", in: Frankfurter Allgemeine Zeitung, 8.12.2018, S. 23.
93 Christiane, Grefe, Angela Köckritz, Ein großer Schub für Afrika, in: Die Zeit, 04.05.2017, S. 26; Ken Bugul, Stoppt die Entwicklungshilfe – Afrika muss lernen, auf eigenen Füßen zu stehen, in: Neue Zürcher Zeitung, 02.09.2017, S. 23.

94 Ken Bugul, a. a. O., Fn 93, S. 23; Bartholomäus Grill, Angst vor Afrika, Der Spiegel Nr. 34, 18.08.2018, S. 78 f.; Stephen Smith, Ein Kontinent bricht auf, in: Cicero, 11.2018, S. 69 ff., der darauf hinweist, dass „Fast die Hälfte des Kontinents [...] jetzt Zugang zum Internet [hat] dank 4G oder dank Tiefsee-Glasfaserkabeln, die Videostreaming und das Herunterladen großer Datenmengen möglich machen. Und schließlich ist aus diesem Meer von Armut eine Mittelschicht aufgestiegen."

95 Jochen Bittner, Afrika braucht Kapitalismus, in: Die Zeit, 24.08.2017, S.10; Bartholomäus Grill, a. a. O., Fn. 94, S. 78 f.

96 Christiane Grefe, Angela Köckritz, a. a. O., Fn. 93, S. 26.

97 Woran der Handel in Afrika krankt, in: Frankfurter Allgemeine Zeitung, 09.08.2018, S. 18.

98 In Afrika müsste niemand hungern, in: Frankfurter Allgemeine Zeitung, 09.08.2018, S. 18.

99 Stephen Smith, a. a. O., Fn. 94, S. 71. Die Zahl der Europäer geht in derselben Zeit von 510 Millionen Menschen (einschließlich Großbritannien) auf 450 Millionen zurück.

100 Kathrin Schwarze-Reiter, Roland Preuss, Es wird eng, in: Süddeutsche Zeitung, 02./03.06.2018, S. 13; 1960 lebte etwas mehr als die Hälfte der Afrikaner in absoluter Armut. Heute sind es etwas weniger als 50 Prozent. Rund 150 Millionen haben inzwischen pro Tag zwischen fünf und 20 Dollar zur Verfügung, weitere 200 Millionen zwei bis fünf Dollar. Die Hälfte des Kontinents hat Anschluss an Satelliten-TV, Mobilfunk und Breitbandtechnologien, Stephan Smith, a. a. O., Fn. 94, S. 70.

101 Rainer Hermann, Die Zeitbombe tickt, in: Frankfurter Allgemeine Zeitung, 09.04.2018, S. 6.

102 Kathrin Schwarze-Reiter, Roland Preuss, a. a. O., Fn. 100, S. 13. Rainer Hermann, a. a. O., Fn. 101, S. 6.

103 Rainer Hermann, a. a. O., Fn. 101, S. 6; Manfred Rist, Kleine Räder in der Wachstumsmaschinerie, in: Neue Zürcher Zeitung, 02.09.2018, S. 15

104 Ulrike Heidenreich, Immer mehr Kindergeld wird ins EU-Ausland überwiesen, Süddeutsche Zeitung, 10.08.2018, S. 1.

105 Manfred Rist, a. a. O., Fn. 103, S. 15; Susanne Kaiser, Zu lange ignoriert, in: Die Zeit, 27.07.2018, S. 29.

106 Joachim Laukenmann, Extratrocken, in: Süddeutsche Zeitung, 30.07.2018, S. 14.

107 Arne Perras, Mit Gurus Hilfe, Süddeutsche Zeitung, 09./10.06.2018, S. 34 f.

108 Patrick Illinger, Über Wasser, in: Süddeutsche Zeitung, 14./15.04.2018, S. 13.
109 Patrick Illinger, a. a. O., Fn. 108, S. 13.
110 Bastian Berbner, Malte Henk, Wolfgang Uchatius, Der afrikanische Fluch, in: Die Zeit, 21.06.2018, S. 13 ff.
111 Tobias Schwab, Daewoo kauft Madagaskar auf, in: Frankfurter Rundschau, 04.02.2009, https://www.fr.de/wirtschaft/daewoo-kauft-madagaskar-11516030.html (abgerufen am 22.01.2019).
112 Bastian Berbner, Malte Henk, Wolfgang Uchatius, a. a. O., Fn. 110, S. 13 ff.; Rainer Hermann, a. a. O., Fn. 101, S. 6.
113 Ken Bugul, a. a. O., Fn. 93, S. 6.
114 Bastian Berbner, Malte Henk, Wolfgang Uchatius, a. a. O., Fn. 110, S. 13 ff.
115 Von 2016–2020 werden im Rahmen von ERI sechs Mrd. Euro zur Verfügung gestellt werden, die ein Investitionsvolumen von rd. 35 Mrd. Euro ermöglichen sollen.
116 Ivan Krăstev, Europa, von Osten aus gesehen, in: Die Zeit, 05.07.2018, S. 9.
117 Jürgen König, Der „Dschungel" ist weg – die Flüchtlinge nicht, in: Deutschlandfunk, 18.01.2018.
118 Tanja Stelzer/Annabel Wahba, Marine Le Pen - Ihre Stunde, in: Die Zeit, 19.11.2015, https://www.zeit.de/2015/47/marine-le-pen-front-national (abgerufen am 20.02.2019).
119 Frank Wolff, Die Grenze greift nach innen aus, in: Frankfurter Allgemeine Zeitung, 16.07.2018, S. 15.
120 Nino Galetti, Nele Katharina Wissmann, Sechs Thesen zu Frankreichs Islamdebatte, in: Landeszentrale für politische Bildung Baden-Württemberg, B&S 2017-4 Frankreich.
121 Thomas Steinfeld, Ganz unten, in: Süddeutsche Zeitung, 09.08.2018, S. 13.
122 Hans-Christian Rößler, Sie fürchten sich vor nichts mehr, in: Frankfurter Allgemeine Zeitung, 06.08.2018, S. 3; Ulrich Ladurner, Das gelobte Land, in: Die Zeit, Nr. 34, 16.08.2018, S. 3.
123 31 Millionen Zuwanderer; Sonja Haug, Migration, in: Steffen Mau/Nadine Schöneck (Hg.), bpb, Handwörterbuch zur Gesellschaft Deutschlands, Bonn 2014, S. 598. Von Juli 2015 bis Juli 2016 hat das Bundesamt für Migration und Flüchtlinge mehr als 1,3 Millionen Asylanträge angenommen. Im 1. Hj. 2018 sind noch 93.000 Anträge eingegangen. Die Zahl der Flüchtlinge auf der Afrika-Route ging, nachdem der Niger per Gesetz das Schleusen von Menschen nach Europa für illegal erklärte, von 100.000 auf 10.000 p.a. zurück, Jan

Bielecki: Grenzerfahrungen, in: Süddeutsche Zeitung, 31.08.2018, S. 2; Bernd Dörries, Unter Egoisten, in: Süddeutsche Zeitung, 17.08.2018, S. 4.

124 Hans-Christian Rößler, a. a. O., Fn. 122, S. 3.

125 Georg Mascolo, Nichts gelernt? Warum sich die Deutschen so schwer tun, wenn es um Zuwanderung geht …, in: Süddeutsche Zeitung, 07./08.07.2018, S. 49; Volker Kronenberg, Heimat bilden, Herausforderungen, Erfahrungen, Perspektive, Handreichungen zur politischen Bildung, Band 25, Konrad-Adenauer-Stiftung, St. Augustin/Berlin 2018.

126 Martin Ohlert, Zwischen „Multikulturalismus" und „Leitkultur", Integrationsleitbild und -politik der im 17. Deutschen Bundestag vertretenen Parteien, Wiesbaden 2015, S. 202, 206 ff.

127 Vgl. Paolo Becchi, Cyberspace und Demokratie, in NZZ online, www.nzz.ch/meinung/debatte/cyberspace-und-demokratie-1.18322774 (abgerufen am 26.03.2018).

128 Vgl. Paolo Becchi, a. a. O., Fn. 127.

129 Vgl. Paolo Becchi, a. a. O., Fn. 127.

130 Vgl. Ursula Münch, Digitalisierung als Bedrohung der Demokratie? Politikwissenschaftliche Untersuchungsansätze und Einordnungen, Vortrag in Garching am 04.07.2017.

131 Vgl. Ursula Münch, a. a. O., Fn. 130.

132 Helmut Martin-Jung, Google, Macht ohne Grenzen, in: Süddeutsche Zeitung, 31.08.2018, S. 4.

133 Volker Rieck, Anatomie eines Politik-Hacks, a. a. O., Fn. 74, S. 9.

134 Robin Geiß, Völkerrecht im „Cyberwar", Internationale Politik und Gesellschaft, www.ipg-journal.de/schwerpunkt-des-monats/neue-high-tech-kriege/artikel/detail/voelkerrecht-im-cyberwar-859/ (abgerufen am 06.04. 2018).

135 Vgl. Robin Geiß, a. a. O., Fn. 134.

136 Vgl. Matthias Kolb, Das Schlachtfeld der Zukunft gehört Robotern und Hackern, in: Süddeutsche Zeitung Online, www.sueddeutsche.de/digital/sicherheitskonferenz-das-schlachtfeld-der-zukunft-gehoert-robotern-und-hackern-1.3872298 (abgerufen am 06.04.2018).

137 Andreas Zielcke, Der Volksstaat im Rechtsstaat, in: Süddeutsche Zeitung, 17.08.2018, S. 11.

138 Andreas Zielcke, a. a. O., Fn. 137, S. 11; Der neue europäische Rechtspopulismus versteht unter Nation eine „sehr kleine, geradezu eine Mikro-Partikularität […] Ausgeschlossen ist, neben den einschlägigen Feindbildern Ausländer und Muslime, eigentlich jeder, der anders denkt und die ‚Lügenpresse' liest. […] Der heutige Nati-

onalismus ist viel geschichtsvergessener als alle seine Vorläufer, nur selten mobilisiert er Herkunfts- und Ursprungsmythen. Stattdessen stellt er sein eigenes, ethnozentrisches und vollkommen vorpolitisches Nationsverständnis unmittelbar in den Raum des Politischen – und das gerade nicht mehr im Namen der Nation, sondern mit dem Anspruch, das Politische und die Demokratie selbst neu zu erfinden [...] Das ist das doppelte Versprechen, das dieser neue Nationalismus verkaufen will: die Neuerfindung von Demokratie und Volkssouveränität bei gleichzeitigem Festhalten an der Idee, dass dieses Volk im Kern eine biologische Abstammungsgemeinschaft ist."; siehe Christian Geulen, Zur „Wiederkehr" des Nationalismus, in: Aus Politik und Zeitgeschichte (APuZ), 48/2018, 26.11.2018, S. 7.; siehe auch Christopher Clark, Kulturkampf, in: Die Zeit, Nr. 49, S. 21; Christopher Clark sagt: „Die Zeiten drehen sich wie die Nadel eines defekten Kompasses. Wir haben überhaupt keine Orientierung mehr." Und Nils Minkmar fügt hinzu: „Wir misstrauen der Zukunft, die nicht mehr automatisch Fortschritt verspricht, und sehnen uns nach diffusen und diversen Versionen von Vergangenheit. Wenn der Westen in der Krise ist, dann auch, weil unklar ist, ob wir uns noch bewegen, ob die gesellschaftliche Entwicklung noch das Versprechen auf ein besseres Leben für uns und unsere Kinder bereithält.", in: Der Spiegel, Nr. 46, 10.11.2018, S. 135.

139 Vgl. Irene Zöch, Weltbevölkerung: Europa, der schrumpfende alte Kontinent, in: Die Presse, 10.07.2009.

140 Ulrich Schäfer, Der Geist der Unfreiheit, in: Süddeutsche Zeitung, 29./30.10.2016, S. 26.

141 Jürgen Rüttgers, a. a. O., Fn. 13, S. 149; Petra Terhoeven, Zur Archäologie des 20. Jahrhunderts, in: Kölner Stadt-Anzeiger, 02.08.2018, S. 20.

142 Jürgen Habermas, in: Henning Ottmann, Geschichte des politischen Denkens, Das 20. Jahrhundert, Stuttgart 2012, S. 116; Alexander Görlach, Eure liberale Demokratie fällt nicht vom Himmel, in: Neue Zürcher Zeitung, 16.12.2017, S. 18; Yuval Noah Harari, Wenn sich Menschen weigern, nennt man das Demokratie, in: Welt am Sonntag, 21.10.2018, S. 13.

143 Jürgen Rüttgers, a. a. O., Fn. 13, S. 146 ff.

144 Jürgen Rüttgers, a. a. O., Fn. 64, S. 46 ff.; Charles Kupchan, Gegen den Trump'schen Zorn, in: Süddeutsche Zeitung, 09.08.2018, S. 2; Christoph M. Schmidt, Axel Ockenfels, Bloß kein Alleingang, in: Süddeutsche Zeitung, 06.08.2018, S. 18.

145 Andreas Zielcke, a. a. O., Fn. 137; Jens Südekum, Dominic Ponattu, Dialektik der Digitalisierung, in: Süddeutsche Zeitung 13.08.2018, S. 16.

146 Julia Kristeva, Sprich über deine Schatten, in: Frankfurter Allgemeine Zeitung, 04.05.2013, S. 40. Der Philosoph Michael Sandel sagt dazu: „Die Wiederherstellung einer staatsbürgerlichen Infrastruktur wäre das erste Gebot einer Gesellschaft, die mehr anzubieten hat als eine geografische Heimat, nämlich ein geteiltes Leben", in: Der Spiegel, a. a. O., Fn. 8, S. 121.

147 Stephen Green, Dear Germany, Liebeserklärung an ein Land mit Vergangenheit, a. a. O., Fn. 56, S. 271.

148 Stephen Green, a. a. O., Fn. 56, S. 272.

149 Stephen Green, a. a. O., Fn. 56, S. 282.

150 Jürgen Rüttgers, Geschichte ein Gesicht geben, in: Xuewu Gu/Hanns Jürgen Küsters (hg.), Was Deutschland und die Welt im Innersten zusammenhält, St. Augustin/Berlin 2015, S. 172; Andreas Zielcke, a. a. O., Fn. 137, S. 11.

151 Jürgen Rüttgers, a. a. O., Fn. 4, S. 93.

* * *

Jürgen Rüttgers war Ministerpräsident von Nordrhein-Westfalen und Bundesminister für Bildung, Wissenschaft, Forschung und Technologie. Er arbeitet als Anwalt in der Rechtsanwaltsgesellschaft Beiten Burkhardt und als Professor am Institut für Politische Wissenschaft und Soziologie der Universität Bonn. Vor kurzem veröffentlichte er die Bücher: „Mehr Demokratie in Europa – Die Wahrheit über Europas Zukunft", Tectum Verlag, Marburg 2016 – ISBN: 978-3-8288-3806-2, sowie: „Mehr Demokratie in Deutschland", Siebenhaar-Verlag, Berlin 2017, ISBN: 978-3-943132-58-8. Jüngst erschien sein Buch „Er war ein ganz großer Häuptling" – Neues über Konrad Adenauer, Ferdinand Schöningh Verlag, Paderborn 2017, ISBN: 978-3-506-78820-7.

Zeitfracht Medien GmbH
Ferdinand-Jühlke-Straße 7
99095 Erfurt, Deutschland
produktsicherheit@kolibri360.de